SCHARIA FÜR NICHT-MUSLIME

CENTER FOR THE STUDY OF POLITICAL ISLAM

BILL WARNER

CSPI
International

Bill Warner
Sharia for Non-Muslims
Englisches Original "Sharia Law for Non-Muslims" herausgegeben von CSPI Publishing, Inc 2010 in USA.
Übersetzt und herausgegeben von CSPI International, Lidicka 700/19, 602 00 Brno, Czech Republic.
Erste Ausgabe. Brno, 2015.
ISBN 978-80-88089-09-4

Über den Autor

Dr. Bill Warner ist ein prominenter und hoch angesehener Experte auf dem Gebiet des Politischen Islam. Er hat 1968 an der NC State University in Physik und Mathematik promoviert. Acht Jahre lang war er Professor an der Tennessee State University. Dr. Warner hat seit frühster Jugend ein Interesse an Religion und deren Auswirkungen auf die Geschichte. Über Jahrzehnte hinweg hat er die Schriften der Hauptreligionen studiert. Noch vor der Zerstörung des World Trade Centers in New York hat er den Krieg zwischen Islam und Amerika vorhergesagt. Am Tag nach dem 11. September hat er sich dazu entschlossen die Schriften des Islam für jedermann verständlich verfügbar zu machen.

Dr. Warners Ausbildung in wissenschaftlicher Theorie und Mathematik hat maßgeblich seine analytische Herangehensweise an die Doktrin des Islam geformt. Im ersten Schritt stand die Erkenntnis, dass die Schriften des Islam bewusst kompliziert gestaltet und schwierig zu verstehen sind. Daraufhin hat er ein Lehrprogram entwickelt, um die daraus entstehende Verwirrung zu entfernen. Es wurde deutlich, dass Islam nicht auf den selben humanistischen Prinzipien aufgebaut ist, die anderswo gelten.

Dr. Warner hat das Center for the Study of Political Islam (CSPI) gegründet und ist dessen Vorsitzender. Er hat über ein duzend Bücher über Politischen Islam geschrieben um dessen Inhalte in verständlicher Weise zu vermitteln. Er entwickelte auch einen Selbststudienkurs zum Thema Politischer Islam.

CSPI International

Center for the Study of Political Islam, hiernach CSPI, ist eine gemeinnützige, nicht-politische, nicht-religiöse Bildungsorganisation mit Hauptsitz in der Tschechischen Republik. CSPI verfolgt Bildungsziele für die breite Öffentlichkeit auf dem Gebiet des Politischen Islam. Politischer Islam ist der nicht-religiöse Teil der drei Hauptschriften des Islam (der sogenannten Trilogie), der sich mit den Beziehungen zwischen Muslimen und Nicht-Muslimen (den sogenannten Kafir) befasst oder anderweitig die Rechte und Beziehungen zwischen Muslimen und solchen die nicht Muslime sind reguliert. Die Gesamtheit der Trilogie (Koran, Sira – die Biographie Mohammeds und Hadithe – die Legenden über Mohammed) wurden wissenschaftlich analysiert und kategorisiert.

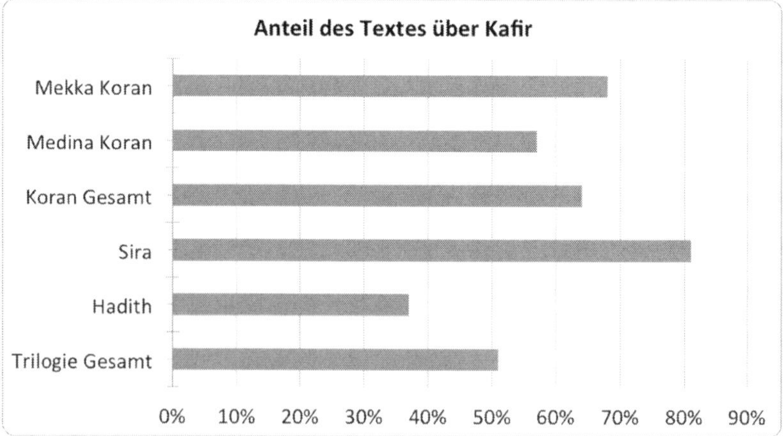

Die Anwendung von wissenschaftlichen Methoden auf die Schriften des Islam macht es möglich faktenbasiertes Wissen über Politischen Islam für jedermann zugänglich zu machen und gutes Verständnis von seinen Zielen und Methoden zu bekommen.

„Unser Ziel ist es die Welt über Politischen Islam, seinen Gründer Mohammed, seine politische Doktrin und seinen Gott Allah aufzuklären."

CSPI International
www.politicalislam.eu

Disclaimer

CSPI befasst sich ausschließlich mit dem Studium des Politischen Islam (51% der Trilogie) als signifikante weltpolitische Ideologie mit eigenem Rechtssystem, Kultur, Geschichte und unverkennbar starkem Einfluss auf andere politischen Ideologien. Religiöser Islam (49% der Trilogie) ist Privatsache eines jeden Muslim und nicht von Interesse für CSPI.

CSPI distanziert sich explizit von der Verwendung seiner Bildungsmaterialien oder anderen intellektuellen Eigentums als Grundlage für illegale und/oder gewalttätige Aktionen basierend auf Formen von Intoleranz, Fremdenfeindlichkeit, Rassismus oder Unterdrückung der Religionsfreiheit von Einzelnen oder Gruppen. CSPI distanziert sich explizit von jeglicher Unterstützung für Bestrebungen, die versuchen das persönliche Recht auf Religionsfreiheit einzuschränken.

CSPI befasst sich ausschließlich mit dem Studium des Politischen Islam. Jedermanns persönlicher Glaube wird von CSPI zutiefst respektiert.

Inhalt

MAP OF
ARABIA
600 A.D.
MEDITER-
RANEAN
SEA
SYRIA
MESOPOTAMIA
(IRAQ)
Muta
Tabuk
Fadak
Khaybar
ARABIA
Medina
Badr
RED SEA
Mecca
Hudabiya
Hunain
EGYPT
YEMEN
N
ABYSSINIA
(ETHIOPIA)

Einführung

Kapitel 1

Die Scharia im heutigen Europa

Wer die Ausbreitung des Islam im heutigen Europa betrachtet, bekommt eine Idee davon, wie Amerika in 20 Jahren aussehen wird. Warum? Das Verhalten der Muslime in Europa beruht auf den Gesetzen der Scharia, jener Scharia, die sich in Amerika mehr und mehr durchzusetzen beginnt.

- In den Straßen von London kommt der Verkehr regelmäßig zum Erliegen, wenn Muslime sich der Straßen bemächtigen um zu beten – ein Ergebnis politischer Bestrebungen basierend auf der Scharia.
- Ganze Landstriche in Europa sind für Nicht-Muslime – einschließlich der Polizeikräfte – verbotene Zonen. Es sind islamische Enklaven, in denen praktisch ausschließlich Muslime wohnen. Diese Nur-für-Muslime-Politik basiert auf der Scharia.
- In England fordert ein anglikanischer Bischof, für muslimische Bürger sollten statt der britischen islamische Gesetze gelten. Der Bischof befolgt damit die Scharia.
- In Schulen dürfen nur noch Texte verwendet werden, die von islamischen Autoritäten zugelassen wurden; diese Praxis beruht auf der Scharia.
- Christen dürfen mit Muslimen weder über das Christentum sprechen, noch ihnen diesbezügliche Literatur aushändigen – ein Ergebnis politischer Bestrebungen basierend auf der Scharia, erzwungen von britischen Gerichten.

- In Schweden sind Vergewaltigungen durch Muslime derart weit verbreitet, dass Schweden seiner Polizei das Sammeln ermittlungrelevanter Daten verboten hat, welche auf einen islamischen Hintergrund verweisen könnten. Vergewaltigung ist Bestandteil der islamischen Lehre, welcher für Nicht-muslimische Frauen gilt.
- In London fordern Muslime auf Massendemonstrationen die Abschaffung des britischen Rechts und die Herrschaft der Scharia, der sich alle Bürger ungeachtet ihrer Religion zu unterwerfen haben. Dies ist Politik basierend auf der Scharia.
- In einigen englischen Krankenhäusern ist Nicht-Muslimen während des Fastenmonats Ramadan (einer rein islamisch-religiösen Veranstaltung) das Essen überall dort untersagt, wo ein Muslim sie dabei sehen könnte. Die Unterwerfung von Nicht-Muslimen unter islamische Lebensgewohnheiten basiert auf der Scharia.
- In britischen Krankenhäusern werden muslimische Frauen mittlerweile nur noch so behandelt, wie es die Gesetze der Scharia vorschreiben.

Die Scharia in Amerika von Heute

Hier einige aktuelle sowie historische Ereignisse, deren Ursachen in der Scharia liegen:

- Am 11. September 2001 attackierten und zerstörten Dschihadisten das World Trade Center in New York. Diese grausame Tat wurde verübt in Übereinstimmung mit der Lehre des Dschihad, zu finden in der Scharia. Der Angriff war ein politischer Akt, angetrieben durch ein religiöses Mandat für einen immer währenden Dschihad.
- In den Vereinigten Staaten müssen Lehrbücher von islamischen Gelehrtengremien zugelassen werden. Dies geschieht in übereinstimmung mit der Scharia.
- Amerikanische Unternehmern sowie Schulen werden mit der Forderung konfrontiert, ihren Angestellten arbeitsfreie Zeit sowie Räumlich-

keiten für das islamische Gebet zu gewähren. Diese Forderungen entsprechen den Gesetzen der Scharia.

- Das amerikanische Bankensystem wird islamisiert durch die Einführung von Finanzprodukten wie sie die Scharia vorschreibt. In Unwissenheit über Bedeutung die Scharia als Ganzes wird das Finanzrecht unseres Bankensystems Scharia-konform gemacht.
- Universitäten werden aufgefordert, strikt nach Geschlechtern getrennte Schwimm- und Sportbereiche für muslimische Frauen zur Verfügung zu stellen.
- Krankenhäuser werden verklagt, sofern sie keine Scharia-konforme Behandlung anbieten.
- In Vorlesungen an Hochschulen unterbleibt jede kritische Auseinandersetzung mit der Geschichte und der Lehre des Islam. Unter der Herrschaft der Scharia ist jedwede Kritik am Islam verboten.
- Muslimische Wohlfahrtsorganisationen unterstützen Dschihadisten (islamische Terroristen) finanziell – gemäß der Scharia.
- An Flughäfen werden Fußbäder für Muslime eingerichtet, bezahlt mit amerikanischem Steuergeld. Wiederum in Übereinstimmung mit der Scharia.
- Amerikanische Gefängnisse sind Hochburgen für die Bekehrung zum Islam.
- Arbeitsstätten werden in Orte islamischer Religionsausübung verwandelt, indem man dort gesonderte Räumlichkeiten bereit stellt und arbeitsfreie Zeit zum Beten gewährt. Dies geschieht in Übereinstimmung mit dem Gesetz der Scharia.
- Islamische Flüchtlinge holen all ihre Ehefrauen nach Amerika um sie in den Genuss von Sozialleistungen und medizinischer Versorgung kommen zu lassen. Die amerikanischen Behörden handeln nicht – selbst wenn ihnen eindeutige Beweise vorgelegt werden. Polygamie ist reine Scharia.
- Wir führ(t)en Kriege im Irak und in Afghanistan um Verfassungen einzuführen, deren erster Artikel die Vorherrschaft der Gesetze der Scharia erklärt.

Warum sollten wir die Scharia kennen

ISLAMISCHE GELEHRTE BEHAUPTEN, das islamische Gesetz sei vollkommen, allein gültig und ewig während. Die Gesetze der Vereinigten Staaten dagegen seien vergänglich und würden verschwinden. Es sei die Pflicht eines jeden Muslims, die Gesetze Allahs zu befolgen – die Scharia. US-Gesetze wurden von Menschen gemacht; die Gesetze der Scharia seien heilig, denn sie kämen vom einzig wahren Gott – Allah.

SCHARIA: Die Scharia basiert auf den Grundsätzen des Koran und anderer islamischer religiös-politischer Schriften. Es gibt keine gemeinsamen Grundlagen zwischen amerikanischem und dem Scharia Recht.

Unter der Scharia

- gibt es keine Religionsfreiheit.
- gibt es keine Freiheit der Rede.
- gibt es keine Freiheit der Gedanken.
- gibt es keine Freiheit des künstlerischen Ausdrucks.
- gibt es keine freie Presse.
- gibt es keine rechtliche Gleichheit – ein Nicht-Muslim, ein sogenannter Kafir, kann einem Muslim rechtlich niemals gleichgestellt sein.
- gibt es keinen gleichwertigen rechtlichen Schutz für alle Menschen. Das Rechtssystem ist dualistisch, es unterscheidet mit einer jeweils eigenen Gesetzgebung zwischen männlichen Muslimen, Musliminnen und Nicht-Muslimen.
- gibt es keine gleichen Rechte für Frauen.
- ist das Schlagen von Frauen erlaubt.
- ist den Nicht-Muslime das Tragen von Waffen verboten.
- gibt es keine Demokratie, da dies die Gleichstellung eines Nicht-Muslim mit einem Muslim bedeuten würde.
- muss sich unsere Verfassung, da ein von Menschen geschaffenes Dokument der Unwissenheit (Jahiliyah), der Scharia unterordnen.
- sind Nicht-Muslime, sogenannte Dhimmis (Schutzbefohlene) Bürger 3. Klasse.

- muss sich jede Regierung den Gesetzen der Scharia unterwerfen.
- die Gesetze sind weder – wie in einer Rechtsordnung allgemein üblich – auszulegen noch besteht die Möglichkeit, diese zu ändern.
- gibt es keine „Goldene Regel", nach der man andere ebenso gut behandelt, wie man selbst behandelt werden möchte.

Die Lösung

Dieses Buch bedient sich eines auf Fakten basierenden Denkansatzes, es ist Ergebnis einer analytischen, kritischen Herangehensweise. Wenn Sie es gelesen haben, werden Sie die Scharia verstehen und – noch wichtiger – die Grundlagen der Scharia kennen. Sie werden ein Verständnis vom Islam erlangen wie ihn nur wenige Westler haben. Der Islam wird anfangen „einen Sinn" zu ergeben.

Drei gängige Ansichten über den Islam

Es gibt drei unterschiedliche Standpunkte in Bezug auf den Islam. Diese hängen jeweils davon ab wie Sie über Mohammed denken. Sie sind ein gläubiger Muslim, wenn Sie glauben, dass Mohammed der Prophet Allahs ist. Glauben Sie dies nicht, so macht sie das zu einem Ungläubigen. Die dritte Position ist die eines Apologeten (Fürsprecher, A.d.Ü.) des Islam. Apologeten glauben zwar nicht, dass Mohammed ein Prophet war, sind dem Islam gegenüber jedoch tolerant ohne diesen auch nur ansatzweise zu kennen.

Hier ein Beispiel, welches die drei Standpunkte illustriert:

In Medina saß Mohammed einen ganzen Tag neben seiner 12-jährigen Frau, während beide dabei zusahen, wie 800 Juden durch das Schwert enthauptet wurde[1]. Ihre Köpfe wurden abgeschlagen weil sie geleugnet hatten, dass Mohammed der Prophet Allahs sei.

Muslime betrachten diese Tötungen als notwendig, denn das Verleugnen von Mohammeds Prophetentum war und ist ein Verbrechen gegen den Islam. Sie wurden enthauptet weil Allah es gut hieß.

1 The Life of Muhammad, A. Guillaume, Oxford University Press, 1982, S. 464

Ungläubige sehen in diesem Ereignis einen Beweis für die dem Islam innewohnende dschihadistische Gewalt und eine scheußliche Tat.

Apologeten hingegen behaupten, es handele sich dabei um ein historisches Ereignis. Da alle Kulturen auf Gewalt in ihrer Vergangenheit zurückblicken würden, sollte man hierüber kein Urteil fällen. Sie sprechen mit Autorität über den Islam ohne je auch nur einen der grundlegenden Texte des Islam gelesen zu haben.

Von den unterschiedlichen Standpunkten aus gesehen war das Töten von 800 Juden:

- ein wahrhafte heilige Tat
- eine Tragödie
- ein historisches Ereignis unter vielen. Wir haben Schlimmeres getan.

Sie sehen, es gibt keinen „richtigen" Standpunkt zum Islam, da sich die unterschiedlichen Standpunkte unvereinbar gegenüber stehen.

Dieses Buch ist vom Standpunkt eines Ungläubigen geschrieben. Der gesamte Inhalt des Buches betrachtet den Islam im Hinblick darauf, wie er sich auf Nicht-Muslime auswirkt. Das bedeutet auch, dass der Religion als solche hier kaum eine Bedeutung zukommt. Für Muslime ist der Islam als Religion von Bedeutung, alle Ungläubigen jedoch sind von seinen politischen Ansichten betroffen.

Dieses Buch behandelt den Islam als politisches System. Es handelt nicht von Muslimen oder ihrer Religion. Muslime sind Menschen und Menschen sind verschieden. Religion wird praktiziert, um in den Himmel zu gelangen und der Hölle zu entgehen. Es ist also weder hilfreich noch notwendig den Islam als Religion zu diskutieren.

Wir müssen über den Islam im politischen Kontext sprechen, denn er ist ein mächtiges politisches System.

Was ist Scharia

Kapitel 2

Scharia-Recht ist das islamische Recht. Die Scharia bildet die Grundlage für jedwede Forderung, die Muslime an unsere Gesellschaft richten.

- Wenn etwa Schulen aufgefordert werden, Räume für das islamische Gebet zur Verfügung zu stellen, verlangt man damit von uns, Scharia-Recht umzusetzen.
- Trägt eine Muslima ein Kopftuch, so fügt sie sich der Scharia.
- Als sich unsere Tageszeitungen weigerten, dänischen Mohammed-Karikaturen zu veröffentlichen, unterwarfen sie sich damit den Forderungen der Scharia.
- Wenn unsere Krankenhäuser gezwungen werden, muslimische Frauen auf besondere Weise zu behandeln, ist dies Scharia.
- Wenn unsere Lehrbücher von muslimischen Organisationen geprüft werden müssen, bevor sie in Schulen verwendet werden dürfen, dann geschieht dies in Übereinstimmung mit den Gesetzen der Scharia.

Der Angriff auf das World Trade Center wurde unter Einhaltung der Regeln für den Krieg verübt, des Dschihad, wie sie sich in der Scharia finden. Die Scharia ist die Grundlage für das religiöse, politische und kulturelle Leben aller Muslime.

Die Gesetze der Scharia werden in Amerika immer mehr durchgesetzt und das obwohl nur wenig darüber bekannt ist, was die Scharia wirklich ist, da sie weder in öffentlichen, privaten noch religiösen Schulen behandelt wird.

Die gute Nachricht

Der einfachste Weg, etwas über den Islam zu erfahren, führt über die Scharia. Durch die Untersuchung der Scharia wird man auf praktische Art an den Koran und den Propheten Mohammed herangeführt.

Sobald man die Scharia kennt, ergibt der Islam einen Sinn. Die meisten Menschen glauben, der Islam sei kompliziert und nahezu unmöglich zu verstehen. Doch hat man die grundlegenden Prinzipien einmal begriffen, wird der Islam sehr, sehr verständlich. Er basiert auf anderen Sichtweisen in Bezug auf Humanität, Logik, Wissen und Ethik. Hat man erst einmal diese Prinzipien und Denkweisen verstanden, weiß man nicht nur warum etwas geschieht, man kann sogar den nächsten Schritt in einer Entwicklung voraussagen.

Verzeichnisnummern verstehen

Um die Scharia zu verstehen, muss man über die drei Bücher welche die Grundlage der Scharia bilden, Bescheid wissen.

Jede Anordnung, jedes Gesetz der Scharia basiert auf einer bestimmten Stelle im Koran oder der Sunna, der Beschreibung Mohammeds als vollkommenes Vorbild für jeden Muslim, zusammen gefasst in den Hadhiten (Aussprüche und Taten Mohammeds, A.d.Ü.) und der Sira (Prozedur, Mohammeds Verhaltens- und Lebensweise, A.d.Ü.). Im Islam muss jedes Gesetz seinen Ursprung im Koran oder der Sunna haben.

Die Sunna ist das gesammelte Wissen über Einzelheiten aus Mohammeds Leben. Wir wissen, wie er sich die Zähne putzte und welchen Schuh er sich zuerst anzog. Die Sunna wiederum speist sich aus der Sira und den Hadithen.

Sie sind möglicher Weise der Ansicht, der Koran sei die Bibel des Islam. Weit gefehlt. Die Bibel des Islam besteht aus Koran, Sira und den Hadithen, einer Trilogie. Der Koran stellt nur einen kleiner Teil der Texte des Islam – etwa 14% – dar. Die der Sunna zugeschriebenen Texte ergeben 86% aller islamischen Lehrtexte. Der Islam besteht also zu 14% aus Allah und zu 86% aus Mohammed.

Die Sharia ist tatsächlich nichts anderes als die Verdichtung und Fortschreibung von Koran und Sunna. Daher ist es unmöglich, die Scharia zu verstehen ohne zumindest etwas über die Lehren des Koran, der Hadithe und der Sira zu wissen. Welche Seite dieses Buches Sie auch aufschlagen, Sie werden feststellen, dass die meisten Textabsätze entsprechende Verzeichnisnummern tragen.

Der klassische Gesetzestext der Scharia ist „Reliance of the Traveller", N.Keller, Amana Publications („Das Vertrauen des Reisenden", nicht auf Deutsch erhältlich, A.d.Ü.). Er besitzt große Autorität da sich fünf der bedeutendsten zeitgenössischen Islamgelehrten für ihn verbürgen und seine Richtigkeit beglaubigen. Geschrieben im 14.Jhd behandelt dieses 1200 Seiten umfassende Buch Themen wie die politische Kontrolle von Nicht-Muslimen, das Gebet, den Dschihad, Erb- und Besitzrecht, Bestrafungen, Gerichtsbeschlüsse und Landnutzung. Es deckt sowohl Rechtslehre als auch Glaubenslehre ab.

Ein typischer Absatz lautet:

> Abfall vom Islam
>
> **Scharia, o8.1** Wenn eine Person, nach Erreichen der Pubertät und geistig gesund, freiwillig vom Islam abfällt, so verdient sie, getötet zu werden.
>
> **Bukhari 9,83,17 (Hadith)** *Mohammed: „Ein Muslim welcher bekannt hat dass es keinen Gott gibt außer Allah und dass ich sein Prophet bin darf nicht getötet werden, mit Ausnahme von drei Gründen: als Strafe für Mord, Ehebruch oder für Apostasie (Abfall vom Islam)."*

Der Quellennachweis „o8.1" ist eine Verzeichnisnummer im Gesetzestext der Scharia, „The Reliance of the Traveller". Der Text ist in die Abteilungen a,b,c... gegliedert. Dieses Gesetz über den Abfall vom Islam befindet sich in Abteilung o, Abschnitt 8, Unterabschnitt 1.

Mit der Kennziffer o8.1 kann man sich direkt auf die Quelle „The Reliance of the Traveller" beziehen.

Im oben erwähnten Beispiel findet sich nicht nur das Gesetz wonach Apostaten (Abtrünnige vom Islam) getötet werden sollen, sondern auch der Glaubenssatz eines Hadith, auf den sich das Gesetz stützt. Hadithe sind neben dem Koran ebenfalls heilige Texte, ein Hadith besteht aus einer Aussage oder einer Handlung des Propheten.

Dieser spezielle Hadith enstammt Sahih al-Bukhari, einer der sechs anerkannten Hadithsammlungen des sunnitischen Islam. Diese Hadithe, die Überlieferungen der Worte und Taten des Propheten, wurden von dem muslimischen Gelehrten Muhammad ibn Ismail al Bukhari etwa 200 Jahre nach Mohammeds Tod gesammelt und in Jahrzehntelanger Arbeit zusammengeschrieben. Es handelt sich dabei um die Hadithsammlung mit dem höchsten Geltungsrang. „Sahih" bedeutet „glaubwürdig", „verbürgt" oder auch „richtig".

Beachten Sie die Verzeichnisnummer 9,83,17. Diese Referenznummern fungieren wie ein Kapitel- und Versindex, man kann alles jederzeit in den Originalquellen nachlesen. Alle Hadithe, auch die von Bukhari, sind auf den Internetseiten vieler (amerikanischen) Universitäten zu finden.

Hier ein Beispiel für ein Schariagesetz basierend auf einer Stelle im Koran:

> Dschihad
>
> **Scharia, o9.0** Dschihad bedeutet Krieg gegen die Kuffar (Mehrzahl von Kafir A.d.Ü) zu führen um den Islam zu etablieren.
>
> **Koran, Sure 2,216** *Der Kampf ist euch befohlen, auch wenn er euch mißfällt; aber es ist wohl möglich, daß euch etwas mißfällt, was gut für euch ist; und es ist wohl möglich, daß euch etwas gefällt, was für euch übel ist. Allah weiß, ihr aber wisset nicht.*

Der Schariatext o9.0 erklärt also, was Dschihad ist. Darunter wird der entsprechende Quellennachweis bereitgestellt. Auch hier können Sie die genaue Übereinstimmung zwischen Koranvers und dem Schariatext o9.0 in „The Reliance of the Traveller" auf ihre Richtigkeit überprüfen.

Es gibt noch eine weitere letzte Art von Verweis auf ein unterstützendes Quellendokument:

> Wie man mit einer widerspenstigen Frau umgeht
>
> **Scharia, m10.12** Wenn ein Ehemann Anzeichen von Aufsässigkeit erkennt...
>
> **Ishaq 969 (Sira)** ...*Männer sollen den Frauen milde Vorschriften auferlegen da diese Gefangene der Männer sind und keine Kontrolle über ihre Person besitzen.*

In der ersten Zeile finden wir die übliche Scharia Kennziffer, hier m10.12, welche sich auf die ursprüngliche Quelle, das Buch *Reliance of the Traveller*, bezieht. Die Indexnummer 969 bei Ishaq ist der Bezug auf eine Randnotiz welche es Ihnen ermöglicht, die Unverfälschtheit der Quelle in der Sira (Das Leben Mohammeds – A. Guillaume, nicht auf Deutsch erhältlich) selbst zu überprüfen.

Glaubwürdig und absolut gültig

Dieses auf Fakten basierende Wissen beruht auf kritischer Auseinandersetzung und Analyse. Alles was Sie hier vorfinden kann unabhängig überprüft werden.

Diese Herangehensweise ist natürlich etwas vollkommen anderes, als einem Muslim oder einem „Experten" Fragen über Islam oder Scharia zu stellen. Sagt ein Muslim oder ein Experte etwas, das nicht mit Koran oder Sunna übereinstimmt, so liegt der Experte ganz einfach falsch. Stimmen die Aussagen des Experten dagegen mit Koran oder Sunna überein, so hat der Experte zwar Recht, macht sich als Experte damit aber gleichzeitig überflüssig. Wer den Koran und die Sunna kennt, braucht keine Experten.

Der politische Islam

Der größte Teil der erwähnten Trilogie handelt nicht etwa davon, was es heißt, ein guter Muslim zu sein. Stattdessen befassen sich die Texte hauptsächlich mit den Ungläubigen. Der Koran widmet den Ungläubigen 64% seines Inhalts, die Trilogie als Ganzes 51%.

Der Islam ist weit mehr als nur eine Religion. Er ist eine Zivilisation mit einem detailierten politischen System, einer Religion und einer Rechtsordnung – der Scharia.

Während der ersten 13 Jahre als Prophet in Mekka hat Mohammed die Religion des Islam gepredigt. In dieser Zeit schaffte er es, 150 Araber zum Islam zu bekehren. Danach ging er nach Medina und wurde dort rasch zu einem einflussreichen Politiker und Kriegsherrn. Nach 2 Jahren waren alle Juden in Medina entweder tot, versklavt oder vertrieben. Während der letzten 9 Jahre seines Lebens war Mohammed durchschnittlich alle 6 Wochen an gewaltsamen übergriffen beteiligt[2].

Mohammed starb, ohne auch nur einen einzigen Feind am Leben gelassen zu haben.

Dies war keine einer neuen Religion geschuldete Entwicklung, sondern eine auf politische Ziele gerichtete Vorgehensweise. Dschihad ist religiös motiviertes politisches Handeln. Politischer Islam ist die Doktrin, die vorschreibt, wie mit Nicht-Muslimen zu verfahren ist.

Mit seiner Religion war Mohammed erfolglos, Dschihad als politische Vorgehensweise war dagegen ein Triumph. Scharia Recht ist die politische Umsetzung der Islamischen Kultur.

Dieser politische Ursprung des Islam bildet den größten Unterschied zwischen der Scharia und dem religiösen Recht der Juden, der *Halacha*. Jüdisches Recht trifft keine Aussagen über Nicht-Juden und es betont ausdrücklich, dass die jeweilige Rechtsordnung eines Landes stets über der Halacha steht.

Die Scharia dagegen hat eine Menge über die Kuffar zu sagen und darüber wie man sie behandelt, unterwirft und beherrscht. Die Scharia beansprucht ausdrücklich die Vorherrschaft über jede Verfassung.

Die Scharia enthält nichts Gutes für Nicht-Muslime. Gerade deshalb hat jeder Ungläubige guten Grund, die Scharia-Gesetzgebung zu kennen, dies gilt

---

2 The Life of Mohammed, A. Guillaume, Oxford University press, 1955, S. 660

besonders für die Verantwortlichen in Politik, Verwaltung und Justiz. Denn die Scharia gilt für Ungläubige genauso wie für Muslime.

Das Handeln des Islam gegenüber Ungläubigen ist politisch und nicht religiös motiviert.

Obwohl die Scharia alle Prinzipien unserer Verfassung verletzt, wird sie heute mehr und mehr umgesetzt, da die Amerikaner die Scharia weder kennen noch sich ihrer Bedeutung bewusst sind.

Scharia und ihre Auslegung

Bei Konfrontation mit unschönen Versen aus dem Koran, wird häufig behauptet, deren wahre Bedeutung hinge von der jeweiligen Auslegung ab. Seit über tausend Jahren ist die Scharia die allgemein gültige und bindende Interpretation des Islam. Sie ist die Auslegung von Koran und Sunna durch die höchsten Gelehrten des Islam. Es besteht kein Grund, nach weiterer Interpretation zu suchen; es wurde bereits tausend Jahre lang daran gearbeitet.

Neue Angelegenheiten müssen gemäß der Scharia untersucht und beurteilt werden, dem endgültigen und allumfassenden Gesetzbuch für die gesamte Menschheit, bis zum Ende aller Zeit.

Die Scharia basiert auf dem fehlerlosen, vollkommenen, unabänderlichen Koran und auf der Sunna.

Die überwiegende Mehrzahl der Islamischen Gelehrten erklärt, die Scharia sei Allahs Wille, heute genauso gültig wie in der Vergangenheit. In seiner gegenwärtigen Form sollte sie aus islamischer Sicht von allen Völkern dieser Welt als die einzige heilige Gesetzgebung akzeptiert werden. Jede Veränderung oder „Reform“ der Scharia ist nur auf Basis des Koran und der Sunna von Mohammed möglich. Denn die Gesetze der Scharia folgen allein den Aussagen der heiligen Schriften des Islam.

Technische Details

Sollten Sie an einer Stelle in diesem Buch etwas lesen worüber Sie mehr erfahren möchten, haben die meisten Absätze eine Indexnummer, welche Ihnen sagt wo Sie die Stelle nachschlagen können.

Koran, Sure 1,2 bezieht sich auf den Koran, Sure 1, Vers 2.
Ishaq 123 bezieht sich auf die Sira von Ishaq, Randnotiz 123.
[Bukhari 1,3,4] bezieht sich auf Sahih Bukhari, Band 1, Buch 3, Nummer 4
[Muslim 012, 1234] bezieht sich auf Sahih Muslim, Buch 12, Nummer 1234.

Die Frauen

Kapitel 3

Islamische Gelehrte behaupten:

- Die Schariagesetze für Frauen sind gültiges Recht für islamische Familien.
- Der Islam war die erste Zivilisation, welche Frauen mit Rechten ausgestattet, und ihnen diese garantiert hat.
- Mohammed lieferte der Welt das perfekte Beispiel dafür, wie Frauen im Islam geschützt werden.
- Muslimische Frauen sind kostbar. Als Kostbarkeiten müssen sie vor den Übeln der Welt der ungläubigen Kuffar geschützt werden.
- Die Rechte der Frauen wurden von Allah gegeben.

Die Scharia hat unterschiedliche Gesetze für verschiedene Gruppen von Menschen. Frauen gehören einer besonderen Klasse an.

Das Schlagen von Ehefrauen

Die herausragende Rolle, welche der Islam den Frauen zuschreibt, drückt sich in einem Koranvers aus:

> **Koran, Sure 4,34** *Die Männer sind die Verantwortlichen über die Frauen, weil Allah die einen vor den andern ausgezeichnet hat und weil sie von ihrem Vermögen hingeben. Darum sind tugendhafte Frauen die Gehorsamen und die (ihrer Gatten) Geheimnisse mit Allahs Hilfe wahren. Und jene, von denen ihr Widerspenstigkeit befürchtet, ermahnt sie, laßt sie allein in den*

Betten und straft sie. Wenn sie euch dann gehorchen, so sucht keine Ausrede gegen sie; Allah ist hoch erhaben, groß.

Wie man mit einer widerspenstigen Frau verfährt

Scharia, m10.12 Wenn ein Ehemann bei seiner Ehefrau Anzeichen von Aufsässigkeit erkennt, sei es in Worten, wenn sie ihm etwa kühl antwortet wo sie es sonst freundlich zu tun pflegte, oder wenn er sie in sein Bett bestellt und sie sich, anders als gewöhnlich, weigert; oder sei es in Handlungen, wenn sie sich beispielsweise ihm gegenüber abweisend verhält, wo sie zuvor liebenswürdig und heiter war, warnt er sie, ohne sich von ihr abzuwenden oder sie zu schlagen, denn es könnte sein dass sie eine Entschuldigung vorbringen kann.

Die Warnung könnte beispielsweise darin bestehen, ihr zu sagen „Fürchte Allah wegen der Pflichten, die Du mir schuldig bist", oder er könnte ihr sagen dass ihn ihre Aufsässigkeit von seiner Pflicht entbindet, sie zu unterstützen und er andere Ehefrauen vorziehen würde, oder er könnte sie darüber unterrichten, dass „es ihre religiöse Pflicht sei, ihm zu gehorchen".

Bleibt sie daraufhin weiter aufsässig, so schläft er nicht mit ihr (Geschlechtsverkehr) und weigert sich, mit ihr zu sprechen, und er darf sie schlagen, jedoch in einer Weise, in der er sie nicht verletzt, was bedeutet, dass er ihr keine Blutergüsse zufügen, ihr keine Knochen brechen, sie nicht verletzen, oder ihr blutende Wunden zufügen darf. Es ist rechtswidrig, jemanden ins Gesicht zu schlagen. Er darf sie schlagen, unabhängig davon ob sie nur einmal aufsässig ist oder mehr als einmal, obwohl eine schwächere Rechtsauffassung dem entgegen hält, dass er sie erst schlagen darf, nachdem sie sich wiederholt aufsässig verhalten hat.

Ishaq 969 (Sira) *Er [Mohammed hat ihnen auch gesagt, Männer hätten Rechte gegenüber ihren Ehefrauen und Frauen hätten Rechte gegenüber ihren Ehemännern. Die Frauen dürften keinen Ehebruch begehen und sich anderen gegenüber nicht sexuell aufreizend verhalten. Wenn sie es taten so würden sie* *in getrennte Zimmer gebracht und leicht geschlagen. Wenn sie abließen von dem was verboten war, gewännen sie dadurch das Recht auf Nahrung und Kleidung. Die Männer sollten den Frauen nachsichtig Vorschriften auferlegen da diese Gefangene der Männer seien und keine Kontrolle über ihre Person hätten.*

Abu Dawud 11, 2142 (Hadith) *Mohammed sagte: Ein Mann wird nicht danach gefragt, warum er seine Frau schlägt.*

Bukhari 7,62,132 (Hadith) *Der Prophet sagte: „Niemand von euch sollte seine Frau auspeitschen, wie man einen Sklaven auspeitscht und dann Geschlechtsverkehr mit ihr haben gegen Ende des Tages". Die meisten derer, die in der Hölle sein werden, werden Frauen sein.*

Eine Doktrin für Frauen

In vielen Bereichen gewährt das Scharia Gesetz der Frau keinen vollwertigen Rechtsstatus:

Scharia, o22.1 Die notwendigen Qualifikationen für einen islamischen Richter sind:

(a) ein männlicher freier Mann zu sein [...]

Scharia, o4.9 Die Entschädigung für den Tod oder die Verletzung einer Frau beträgt die Hälfte der Zahlung für einen Mann.

Bukhari 3,48,826 (Hadith) *Mohammed fragte, „Ist nicht der Wert einer Zeugenaussage einer Frau die Hälfte wert von der eines Mannes?" Eine Frau sagte, „Ja." Er sagte, „Das ist darum, weil der Verstand einer Frau dumm ist."*

Scharia, l10.3 Sie teilen den allgemein üblichen Anteil (das Erbe) in der Weise auf, dass der Mann den Anteil von zwei Frauen erhält.

Koran 4:11 *Gott trägt euch in Bezug auf eure Kinder (folgendes) auf: Einem männlichen Kind steht soviel wie der Anteil von zwei weiblichen zu. [...]*

Dieser Hadith stellt Kamele, Sklaven und Frauen auf eine Stufe.

Abu Dawud 11,2155 (Hadith) *Mohammed sagte: Wenn einer von euch eine Frau heiratet oder einen Sklaven kauft, so soll er sagen: „O Allah, ich bitte Dich wegen des Guten in ihr in der Veranlagung, die Du ihr gegeben hast; ich nehme meine Zuflucht bei Dir vor dem Bösen in ihr und in der Veranlagung, die Du ihr gegeben hast." Wenn er ein Kamel kauft, sollte er die Spitze seines Höckers anfassen und Gleichartiges sagen.*

Frauen sind den Männern in Intelligenz und Religion untergeordnet.

Bukhari 1,6,301 (Hadith) *Auf dem Weg zu seinem Gebet kam Mohammed an einer Gruppe von Frauen vorbei und sagt „Frauen, gebt für wohltätige Zwecke und spendet den Unglücklichen Geld denn ich kann bezeugen, dass die meisten Menschen in der Hölle Frauen sind." Sie fragten „Warum ist das so?". Er antwortete: ‚Ihr flucht [wörtl.: schwört] zu viel, und Ihr zeigt keine Dankbarkeit gegenüber Euren Ehemännern. Ich bin noch nie jemandem begegnet, dem es mehr an Intelligenz mangelt, oder der so unwissend in Bezug auf seine Religion ist wie die Frauen. Selbst ein aufmerksamer und intelligenter Mann könnte von vielen von Euch in die Irre geführt werden.' Sie antworteten: „Wo genau fehlt es uns an Intelligenz oder an Glauben?' Mohammed sagte: „Ist es nicht wahr, dass die Zeugenaussage eines Mannes den gleichen Wert hat wie das Zeugnis von zwei Frauen?". Nachdem sie bestätigten, dass dies wahr sei, sagte Mohammed: „Das zeigt, dass es Frauen an Intelligenz mangelt. Ist es nicht auch wahr, dass Frauen während ihrer Menstruation weder beten noch fasten dürfen?'.*

Sie sagten, dass dies auch wahr sei. Mohammed sagte daraufhin: „Das zeigt, dass es Frauen an Religion mangelt."

Die Zeugenaussage einer Frau ist halb soviel wert wie die eines Mannes.

Koran, Sure 2,282 *O die ihr glaubt, wenn ihr voneinander ein Darlehen nehmt auf eine bestimmte Frist, dann schreibt es nieder. Ein Schreiber soll in eurer Gegenwart getreulich aufschreiben; und kein Schreiber soll sich weigern zu schreiben, hat ihn doch Allah gelehrt; also soll er schreiben und der Schuldner soll diktieren, und er soll Allah, seinen Herrn, fürchten und nichts davon unterschlagen. Ist aber jener, der die Verpflichtung eingeht, einfältig oder schwach oder unfähig, selbst zu diktieren, so diktiere sein Beistand nach Gerechtigkeit. Und ruft zwei unter euren Männern zu Zeugen auf; und wenn zwei Männer nicht (verfügbar) sind, dann einen Mann und zwei Frauen, die euch als Zeugen passend erscheinen, so daß, wenn eine der beiden irren sollte, die andere ihrem Gedächtnis zu Hilfe kommen kann.*

Weibliche Genitalverstümmelung

Es ist bedauerlich, dass der Begriff Beschneidung sowohl auf die Entfernung der Vorhaut des Mannes als auch auf die Entfernung der Klitoris der Frau angewendet wird. Denn dies lässt sich keinesfalls vergleichen.

Bukhari 7,72,779 (Hadith) *Mohammed sagte: „Fünf Gebräuche sind Merkmale der alten Propheten: Beschneidung, Rasieren der Schamhaare, den Schnurrbart zu kürzen, das Nägelschneiden und das Enthaaren der Achseln."*

Dieser Hadith bezieht sich auf die Beschneidung der weiblichen Genitalien. Er geht davon aus, dass sowohl der Mann als auch die Frau beschnitten werden.

> **Muslim 003,0684 (Hadith)** *[...] Abu Musa sagte dann: „Wann ist ein Bad obligatorisch (verbindlich vorgeschrieben)?" Aisha antwortete: „Du hast die richtige Person gefragt. Mohammed hat gesagt, dass ein Bad obligatorisch ist, wenn ein Mann von einer Frau umschlungen wird und ihre beschnittenen Genitalien sich berühren."*

Die Beschneidung ist Teil der Scharia. Hier ist die irreführende Übersetzung:
Scharia, e4.3 Die Beschneidung ist obligatorisch für Männer und Frauen. Bei Männern besteht sie aus dem Entfernen der Vorhaut des Penis, bei Frauen im Entfernen der Vorhaut der Klitoris (nicht der Klitoris selbst, wie manche irrtümlich behaupten).

Tatsächlich sagt der arabische Originaltext jedoch folgendes:
Scharia, e4.3 Die Beschneidung ist obligatorisch (für jede männliche oder weibliche Person) durch das Abschneiden des Teils der Haut an der Eichel des Penis der männlichen Personen, aber die Beschneidung weiblicher Personen geschieht durch Herausschneiden der Klitoris (was ‚Hufaad' genannt wird).

Diese irreführende Übersetzung verschleiert die Scharia. Diese Täuschung wird Taqiyya genannt, heilige Täuschung.

Bei der Beschreibung der Schlacht von Badr wird der Brauch der Entfernung der Klitoris erwähnt.

> **Ishaq 564 (Sira)** *Hamza sagte: „Komm her, du Sohn einer Frauenbeschneiderin." Seine Mutter Umm Anmar war eine Frauenbeschneiderin (eine, die Mädchen beschnitt) in Mekka. Dann schlug und tötete Hamza ihn.*

Die Strafe für Unzucht

Scharia, o12.6 Wenn die Strafe Steinigung ist, so sollen sie gesteinigt werden, egal wie das Wetter ist oder ob sie krank sind. Eine schwangere Frau wird nicht gesteinigt ehe sie das Kind zur Welt gebracht hat und dieses nicht mehr gestillt werden muss.

Muslim 017, 4206 (Hadith)... *Eine Frau kam zu Mohammed, die sagte: Gesandter Allahs, ich habe Ehebruch begangen, [...] Als sie entbunden hatte, kam sie mit dem [in ein Tuch eingewickelten] Kind und sagte: Hier ist das Kind, das ich zur Welt gebracht habe. Er sagte: Geh weg und säuge es, bis du es entwöhnt hast. Als sie es entwöhnt hatte, kam sie zu ihm mit dem Kind, das ein Stück Brot in der Hand hielt. Sie sagte: Apostel Allahs, hier ist es, da ich es entwöhnt habe und es [feste] Nahrung isst. Er vertraute das Kind einem der Muslime an und sprach dann die Strafe aus. Und sie wurde bis zur Brust in eine Grube gesteckt und er befahl es den Menschen, und sie steinigten sie. [...]*

Ehrenmord

Ehrenmord ist nicht direkt in der Lehre der Scharia enthalten. Die Scharia bestimmt, dass eine Frau dem Mann untergeordnet ist und erlaubt das Schlagen, um die Herrschaft des Mannes durchzusetzen, aber sie verleiht dem Ehrenmord keinen Status der Rechtmäßigkeit.

Allerdings gibt es für das Töten eines Ehebrechers oder einer Ehebrecherin keine Strafe:

Scharia, o5.4 Es gibt keine Sühne (oder Wiedergutmachung) dafür, jemanden, der den Islam verlassen hat, einen Wegelagerer (Straßenräuber) oder einen verurteilten verheirateten Ehebrecher zu töten ...

Scharia, e12.8 ... ‚Unwürdige' (diejenigen, die getötet werden dürfen) umfasst ... verurteilte verheiratete Ehebrecher ...

Es scheint, als gelten hier für Männer und Frauen die gleichen Strafen, allerdings hat ein Mann viele legale Möglichkeiten, Geschlechtsverkehr auszuüben, während die Frau strikt ihrem Mann allein vorbehalten bleibt. Daher ist es sehr viel wahrscheinlicher, dass (im Fall des Falles) die Frau getötet wird.

Der Mann herrscht über die Frau, und sein Status in der Gemeinschaft hängt davon ab, wie seine Frauen sich verhalten. Ghira bedeutet heilige Eifersucht, selbst Allah hat Ghira. Ghira bedeutet auch Selbstachtung, sie ist die Grundlage von Ehrenmorden. Beachten Sie, dass in diesem Hadith Saeds Drohung, einen Mann gemeinsam mit seiner [Saeds] Frau zu töten, nicht verurteilt, sondern unterstützt wird. Der Einsatz von Gewalt bei der Verteidigung der Ghira eines Muslim entspricht dem reinen Islam.

> **Bukhari 8,82,829; Bukhari 9,93,512 (Hadithe)** *Saed ibn Ubada (andere Schreibweisen: Sa'd ibn Ubadah, ... mit und ohne ‚H', ...) sagte: „Wenn ich einen Mann mit meiner Frau sehen würde, würde ich ihn mit der Klinge meines Schwertes schlagen". Diese Nachricht erreichte Mohammed, der dann sagte: „Ihr seid wegen der Ghira (Selbstachtung) von Saed erstaunt. Bei Allah, ich habe mehr Ghira als er, und Allah hat mehr Ghira als ich, und wegen Allahs ghira hat er rechtswidrige schändliche Taten und Sünden offen und im Verborgenen begangen. [...]*

Die meisten Ehrenmorde werden in islamischen Gesellschaften verübt.

Familienrecht

Kapitel 4

ISLAMISCHE GELEHRTE BEHAUPTEN, das vollkommene islamische Familienrecht sei heiliges Gesetz, da es auf den Worten Allahs im glorreichen Koran und der Sunna des Propheten Mohammed gegründet sei. Alle anderen Gesetze seien von Menschen gemacht und müssten sich dem Willen Allahs unterordnen; folglich sei für Muslime nur die Scharia geltend. Für Muslime sei es eine Abscheulichkeit, von den Gesetzen der ungläubigen Kuffar regiert zu werden.

Die Scharia

Scharia, m3.13 Es gibt zwei Arten von Vormunden, diejenigen, die ihre weiblichen Schutzbefohlenen [Mündel] dazu zwingen dürfen, jemanden zu heiraten, und solche, die das nicht dürfen.
Scharia, m6.10 Es ist für einen freien Mann [kein Sklave] rechtswidrig, mehr als vier Frauen zu heiraten.
Scharia, m8.2 Ein Vormund darf seine Tochter, die noch nicht in der Pubertät ist, nicht mit jemandem für weniger als den Betrag verheiraten, den man in der Regel als Heiratsgeld für vergleichbare Bräute erhält.

Ehebruch

> **Bukhari 3,38,508 (Hadith)** *Mohammed sagte: „Unais, konfrontiere die Frau dieses Mannes [mit diesem Vorwurf] und wenn sie zugibt, Ehebruch begangen zu haben, lass sie zu Tode steinigen."*

> **Bukhari 8,82,803 (Hadith)** *Ali hatte an einem Freitag eine Frau zu Tode steinigen lassen und sagte: „Ich habe sie so bestraft, wie Mohammed es getan hätte."*

Scharia, m10.4 Der Ehemann darf seiner Frau verbieten, das Heim zu verlassen. Wenn aber einer ihrer Verwandten stirbt, so ist es vorzuziehen, sie [das Haus] verlassen zu lassen, um sie zu besuchen.

Eheliche Pflichten der Frau

Scharia, m5.1 Eine Frau ist verpflichtet, ihrem Mann unverzüglich Geschlechtsverkehr mit ihr zu erlauben, wenn:

- er sie fragt
- [sie] zu Hause [sind]
- und sie es körperlich ertragen kann.

> **Abu Dawud 11,2138; 2139 (Hadith)** *Muawiyah sagte: Apostel Allahs, in welcher Weise sollen wir uns unseren Frauen nähern und wie sollen wir sie verlassen? Er antwortete: Nähert Euch Eurem Acker (Acker ist ein gepflügtes Feld, ein Ausdruck für die Vagina), wann oder wie Ihr wollt, [...]*

Das Wichtigste, was eine Frau in die Ehe mit einbringt, ist ihre Vagina.

> **Bukhari 7,62,81 (Hadith)** *Mohammed sagte: „Das Eheversprechen, von dem man mit allem Recht erwarten kann, dass es eingehalten wird, ist das Recht des Ehemanns, die Vagina der Frau zu genießen."*

Allah verflucht die Frau, die sich dem Geschlechtsverkehr widersetzt.

> **Bukhari 7,62,121 (Hadith)** *Mohammed: „Wenn eine Frau die Forderung ihres Mannes nach Geschlechtsverkehr ablehnt, werden die Engel sie während der ganzen Nacht verfluchen."*

Von der Sira erfahren wir noch etwas mehr über die Rechte des Ehemanns:

> **Ishaq 957 (Sira)** *Mohammed sandte Muadh in den Jemen, um dort zu missionieren. Während er dort war, wurde er gefragt, welche Rechte ein Ehemann gegenüber der Frau hat. Er antwortete der Frau, die gefragt hatte: „Wenn Du nach Hause gehen würdest und merken würdest, dass aus der Nase Deines Mannes Eiter und Blut läuft und du an ihr gesaugt hättest, bis sie gereinigt wäre, hättest Du immer noch nicht die Rechte Deines Ehemannes erfüllt."*

Kinderbräute

Im Alter von 51 Jahren machte Mohammed Aischa einen Heiratsantrag, als diese sechs Jahre alt war. Die Ehe mit einem Kind entspricht der Sunna (Beschreibung der vorbildlichen Lebensweise Mohammeds).

> **Bukhari 7,62,18 (Hadith)** *Als Mohammed bei Abu Bakr um Aishas Hand anhielt, antwortete Abu: „Aber ich bin dein Bruder." Mohammed sagte: „Du bist nur mein Bruder gemäß der Religion Allahs und Seinem Buch, so dass es für mich rechtmäßig ist, sie zu heiraten."*

Der Kafir

Kapitel 5

Bis hierher haben wir zunächst die Scharia als Ganzes betrachtet und dann die Stellung der Frau in der Scharia untersucht. Wir kommen nun zu einem neuen Thema – dem „Ungläubigen" oder auch Nicht-Muslim. Das Wort „Nicht-Muslim" wird in der Übersetzung der Scharia verwendet, aber das tatsächlich verwendete arabische Wort lautet „Kafir". Das Wort Kafir bedeutet aber weit mehr als nur „Nicht-Muslim". Die ursprüngliche Bedeutung des Wortes war „Verschleierer", also jemand, der die Wahrheit des Islam verschleiert.

Der Koran sagt, dass der *Kafir* betrogen werden darf, dass man sich gegen ihn verschwören darf, dass er gehasst, versklavt, verhöhnt und gefoltert werden darf, und Schlimmeres. Das Wort wird üblicherweise mit „Ungläubiger" übersetzt, doch diese Übersetzung ist nur teilweise richtig. Das Wort „Ungläubiger" ist von der Bedeutung her und gefühlsmäßig neutral, während „Kafir" das beleidigendste, das am meisten mit Vorurteilen beladene und hasserfüllteste Wort in der arabischen Sprache ist.

Es gibt viele religiöse Bezeichnungen für die *Kuffar*: Polytheisten, Götzenanbeter, Leute des Buchs (Christen und Juden), Buddhisten, Atheisten, Agnostiker und Heiden. „Kafir" gilt für alle, denn egal, welcher Religion sie angehören, man kann sie alle gleich behandeln. Was Mohammed zu Polytheisten sagte und mit ihnen machte, kann auch jeder anderen Sorte Kuffar angetan werden.

Der Islam widmet sich dem Kafir mit großem Aufwand. Der größere Teil (64%) des Korans befasst sich mit dem Kafir, und fast die ganze Sira (81%) beschäftigt sich mit Mohammeds Kampf mit ihnen. Die Hadithe (Überlieferungen des Propheten Mohammed) widmen den Kuffar 32% des Textes. Insgesamt widmet die Trilogie den Kuffar 51% ihres Inhalts.

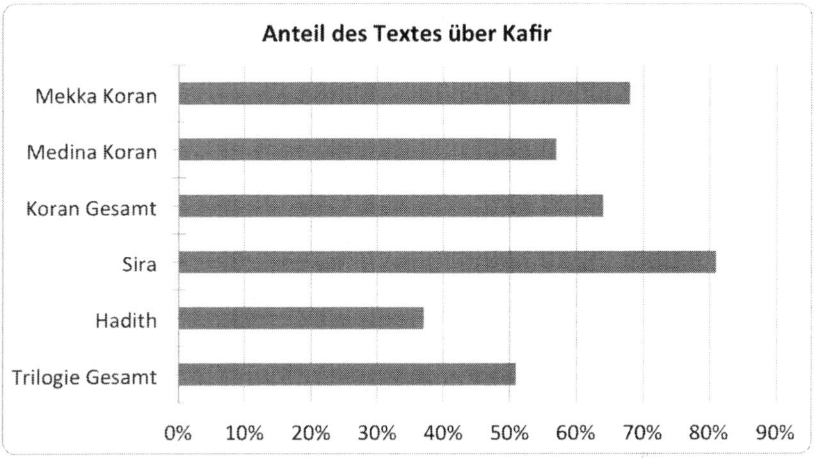

Die Scharia beschäftigt sich nicht annähernd so intensiv mit dem Kafir, da das Scharia-Recht in erster Linie für Muslime bestimmt ist. Außerdem hat der Kafir nur wenige Rechte, so dass es nicht viel zu erklären gibt.

Islam als Religion ist die religiöse Praxis, mit der Muslime danach streben, ins Paradies zu gelangen und die Hölle zu vermeiden. Was Mohammed mit den Kuffar machte, war nicht religiös, sondern politisch motiviert. Es ist nicht die Religion, sondern der politische Islam, von dem die Kuffar betroffen sind. Es ist für uns nicht relevant, wie ein Muslim betet, doch jeder einzelne von uns ist davon betroffen, was sie mit uns tun und was sie über uns sagen. Der politische Islam sollte für jeden Kafir ein Grund zur Sorge sein.

Hier zwei Zitate über Kuffar in der Scharia:

Scharia, w59.2 (...) und dies verdeutlicht die Koranverse und Hadithe über Hass für die Sache Allahs und Liebe für die Sache Allahs, *Al Walaa wa al Baraa*, wobei man gegenüber den Kuffar unnachgiebig und hart sein sowie sie verabscheuen soll, während man das von Allah dem Allerhöchsten bestimmte Schicksal annimmt, insoweit wie dies die Bestimmung von Allah dem Mächtigen und Majestätischen ist.

Hass um Allahs Willen und Liebe um Allahs Willen heisst übersetzt *Al Walaa wa al Baraa*, ein grundlegendes Prinzip der islamischen Ethik und der Scharia. Ein Moslem soll das hassen, was Allah hasst und lieben, was Allah liebt. Allah hasst den Kafir, daher muss ein Muslim auch entsprechend handeln.

> **Koran, Sure 40,35** *Solche, die über die Zeichen Allahs streiten, ohne daß irgendeine Ermächtigung zu ihnen kam. Schmerzhaft hassenswert ist das vor Allah und vor jenen, die gläubig sind. Also versiegelt Allah das Herz eines jeden Hoffärtigen, Stolzen.*

Scharia, h8.24 Es ist nicht zulässig, Zakat (wohltätige Gaben, eine der 5 Säulen des Islam, A.d.ü.) einem Kafir zu geben oder jemandem, dem man zu unterstützen verpflichtet ist, wie eine Ehefrau oder ein Familienmitglied.

Hier einige diesbezügliche Quellen aus dem Koran:

Ein Kafir darf verspottet werden:

> **Koran, Sure 83,34** *Heute drum sind es die Gläubigen, die über die Ungläubigen lachen werden. 35 Auf hohen Pfühlen werden sie zuschauen. 36 Wird den Ungläubigen nicht vergolten, was sie zu tun pflegten?*

Ein Kafir darf geköpft werden:

> **Koran, Sure 47,4** *Wenn ihr (in der Schlacht) auf die stoßet, die ungläubig sind, trefft (ihre) Nacken; und wenn ihr sie so überwältigt habt, dann schnüret die Bande fest. [...]*

Gegen einen Kafir darf man sich verschwören:

> **Koran, Sure 86,15** *Sie schmieden einen Plan, 16 Auch Ich schmiede einen Plan. 17 Drum gönne den Ungläubigen Zeit, überlasse sie eine Weile sich selbst.*

Ein Kafir darf terrorisiert werden:

> **Koran, Sure 8,12** *Da dein Herr den Engeln offenbarte: „Ich bin mit euch; so festiget denn die Gläubigen. In die Herzen der Ungläubigen*

werde Ich Schrecken werfen. Treffet (sie) oberhalb des Nackens und schlagt ihnen die Fingerspitzen ab!"

Ein Muslim ist niemals der Freund des Kafir:

Koran, Sure 3,28 *Die Gläubigen sollen sich nicht Ungläubige zu Freunden nehmen vor den Gläubigen – und wer das tut, hat nichts mit Allah –, es sei denn, daß ihr euch vorsichtig vor ihnen hütet. Allah warnt euch vor Seiner Strafe, und zu Allah ist die Heimkehr.*

Ein Kafir ist böse:

Koran, Sure 23,97 *Und sprich: „Mein Herr, ich nehme meine Zuflucht bei Dir vor den Einflüsterungen der Teufel. 98 Und ich nehme meine Zuflucht bei Dir, mein Herr, daß sie sich mir nicht nähern."*

Ein Kafir wird erniedrigt:

Koran, Sure 37,18 *Sprich: „Jawohl; und ihr werdet (dann) gedemütigt werden."*

Ein Kafir ist verflucht:

Koran, Sure 33,61 *Weit sind sie von der Gnade! Wo immer sie gefunden werden, sollen sie ergriffen und hingerichtet werden. 62 (Folget) dem Brauch Allahs im Falle derer, die vordem hingingen; und du wirst in Allahs Brauch nie einen Wandel finden.*

Kuffar und die Anhänger der Buchreligionen

Muslime erzählen Christen und Juden gern, dass sie etwas Besonderes sind. Sie seien „Leute der Schrift" und Brüder im abrahamitischen Glauben. Aber im Islam ist man dann ein Christ – und nur dann – wenn man glaubt, dass Christus ein Prophet Allahs war; dass es keine Dreifaltigkeit gibt; dass Jesus weder gekreuzigt noch von den Toten aufstanden ist und dass dieser zurückkehren wird, um das Scharia-Recht in Kraft zu setzen. Um ein wahrer Jude zu sein, muss man glauben, dass Mohammed der letzte in der Reihe der jüdischen Propheten war.

Dieser Vers ist konkret:

> **Koran, Sure 5,77** *Sprich: „O Volk der Schrift, übertreibt nicht zu Unrecht in eurem Glauben und folget nicht den bösen Neigungen von Leuten, die schon vordem irregingen und viele irregeführt haben und weit abgeirrt sind vom rechten Weg."*

Die Lehre des Islam ist dualistisch, und daher gibt es hierzu auch eine gegenteilige Ansicht. Hier der letzte Vers, der über die Leute des Buches geschrieben wurde (ein späterer Koranvers hebt einen früheren Vers auf oder macht ihn ungültig, siehe Kapitel 7). Dies ist das letzte Wort. Er fordert die Muslime dazu auf, Krieg gegen die Leute der Schrift zu führen, die nicht an die Religion der Wahrheit, den Islam, glauben.

> **Koran, Sure 9,29** *Kämpfet wider diejenigen aus dem Volk der Schrift, die nicht an Allah und an den Jüngsten Tag glauben und die nicht als unerlaubt erachten, was Allah und Sein Gesandter als unerlaubt erklärt haben, und die nicht dem wahren Bekenntnis folgen, bis sie aus freien Stücken den Tribut entrichten und ihre Unterwerfung anerkennen.*

Der Satz „... nicht als unerlaubt ..." bedeutet, dass sie nicht das Gesetz der Scharia akzeptieren, „...bis sie kleinlaut (saghiruun) aus der Hand Tribut (Djizya) entrichten!" bedeutet, dass sie sich der Scharia unterwerfen. Christen und Juden, die Mohammed nicht als den letzten der Propheten anerkennen, sind Kuffar.

Muslime beten 5 Mal pro Tag, und das Eröffnungsgebet enthält stets folgende Worte:

> **Koran, Sure 1,6** *Leite uns den geraden Weg, 7 den Weg derjenigen, denen Du Gunst erwiesen hast, nicht derjenigen, die (Deinen) Zorn erregt haben [der Juden], und nicht der Irregehenden [der Christen]!*

Die Trilogie beschäftigt sich ausgiebig mit den Juden. Während Mohammeds Wirkungszeit in Mekka werden sie im Allgemeinen positiv erwähnt. In

Medina hingegen werden Juden zu Feinden des Islam weil sie Mohammed nicht als den Letzten in der Reihe der Propheten anerkannten. Hier eine statistische Erfassung der Erwähnung von Juden in den Texten der Trilogie. Beachten Sie dass die Trilogie mehr Judenhass enthält als Hitlers *Mein Kampf.*

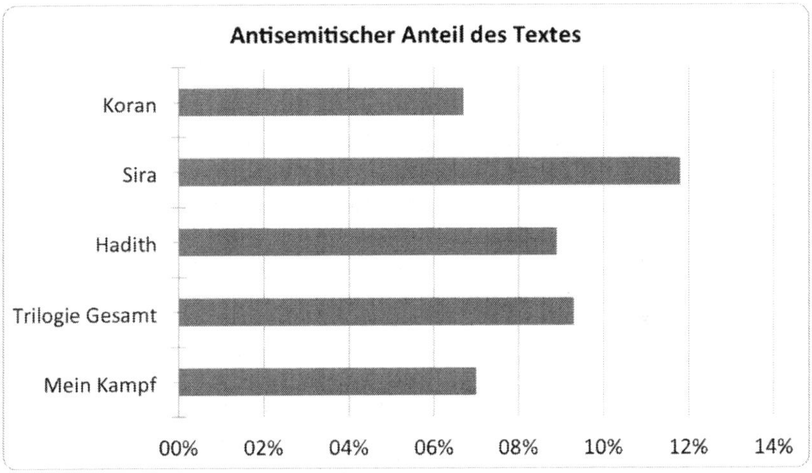

Da das ursprüngliche arabische Wort für Ungläubige Kafir lautete und dies auch im Koran und in der Scharia verwendet wird, ist es auch jenes, welches hier aus Gründen der Richtigkeit und Genauigkeit benutzt wird.

Es ist sehr einfach: Wenn Sie nicht an Mohammed und seinen Koran glauben, dann sind Sie ein Kafir.

Dschihad

Kapitel 6

Dschihad ist Teil der Scharia.

Scharia, 09.0 Dschihad

Dschihad bedeutet Krieg gegen die ungläubigen Kuffar um die Herrschaft der Scharia durchzusetzen.

> **Koran, Sure 2,216** *Der Kampf ist euch befohlen, auch wenn er euch mißfällt; aber es ist wohl möglich, daß euch etwas mißfällt, was gut für euch ist; und es ist wohl möglich, daß euch etwas gefällt, was für euch übel ist. Allah weiß, ihr aber wisset nicht.*

> **Koran, Sure 4,89** *Sie wünschen, daß ihr ungläubig werdet, wie sie ungläubig sind, so daß ihr alle gleich seiet. Nehmet euch daher keinen von ihnen zum Freund, ehe sie nicht auswandern auf Allahs Weg. Und wenn sie sich abkehren, dann ergreifet sie und tötet sie, wo immer ihr sie auffindet; und nehmet euch keinen von ihnen zum Freunde oder zum Helfer.*

Die ganze Welt muss sich dem Islam unterwerfen; Kuffar sind schon allein deshalb Feinde, weil sie keine Muslime sind. Gewalt und Terror werden durch den Koran zu heiligen Handlungen erhoben. Frieden herrscht erst nach der Unterwerfung durch den Islam.

Politischer Islam, der Dschihad, ist allgemein gültig und währt ewig.

> **Muslim 001,0031 (Hadith)** *Mohammed: „Mir ist aufgetragen worden, Krieg gegen alle Menschen zu führen, bis sie sagen, dass es keinen Gott außer Allah gibt und bis sie glauben, dass ich sein Prophet bin und bis sie alle Offenbarungen annehmen, die durch mich gesprochen wurden. Wenn sie diese Dinge tun, werde ich ihr Leben und Eigentum schützen, wenn dies nicht anders durch die Scharia begründet ist, in diesem Fall liegt ihr Schicksal in Allahs Hand."*

> **Bukhari 4,52,142 (Hadith)** *Mohammed: „Auch nur einen Tag lang Kuffar im Dschihad zu bekämpfen ist bedeutender als die gesamte Erde und alles auf ihr. Ein Platz im Paradies, kleiner als Eure Reitgerte, ist bedeutender als die gesamte Erde und alles auf ihr. Einen Tag oder eine Nacht auf dem Weg des Dschihad ist bedeutender als die ganze Welt und alles auf ihr."*

Der verpflichtende Charakter des Dschihad

Der Dschihad ist eine gemeinschaftliche Verpflichtung. Sobald allerdings eine ausreichende Anzahl Menschen daran teilnehmen, ist er für die übrigen nicht mehr zwingend vorgeschrieben.

> **Koran, Sure 4,95** *Die unter den Gläubigen, die stillsitzen – ausgenommen die Gebrechlichen -, und die, welche für Allahs Sache ihr Gut und Blut einsetzen im Streit, sie sind nicht gleich. Allah hat die mit ihrem Gut und Blut Streitenden im Range erhöht über die Stillsitzenden. Einem jeden aber hat Allah Gutes verheißen; doch die Gottesstreiter hat Er vor den Stillsitzenden ausgezeichnet durch einen großen Lohn.*

> **Bukhari 4,52,96 (Hadith)** *Mohammed: „Wer einen Dschihad-Kämpfer mit Waffen ausrüstet, wird genau so belohnt, wie es ein Krieger würde, und wer den Angehörigen eines heiligen Kriegers die richtige Fürsorge gewährt, wird genau so belohnt, wie es ein heiliger Krieger würde."*

Wer ist zum Kampf im Dschihad verpflichtet

Scharia, o9.4 Alle geistig gesunden und körperlich leistungsfähigen Männer mit dem Erreichen der Pubertät.

Das Ziel des Dschihad

Scharia, o9.8 Der Kalif (oberster Herrscher, zugleich König und religiöses Oberhaupt, ähnlich dem Papst), führt Krieg gegen Juden und Christen. Zunächst ladet sie ein, den Islam anzunehmen, dann dazu, die Djizya[3] (Kopfsteuer für Kuffar/ Schutzbefohlene) zu bezahlen. Wenn sie sowohl die Konvertierung als auch die Djizya ablehnen, dann greift sie an.

> **Koran, Sure 9,29** *Kämpfet wider diejenigen aus dem Volk der Schrift, die nicht an Allah und an den Jüngsten Tag glauben und die nicht als unerlaubt erachten, was Allah und Sein Gesandter als unerlaubt erklärt haben, und die nicht dem wahren Bekenntnis folgen, bis sie aus freien Stücken den Tribut entrichten und ihre Unterwerfung anerkennen.*

Scharia, o9.9 Der Kalif bekämpft alle anderen Völker (Kuffar) bis sie Muslime werden.

---

3 Arabisch: gizya; derselbe Wortstamm wie gaza' = „Gegenleistung"

Die Kriegsbeute

Scharia, o10,2 Wer einen Kafir tötet oder ihn kampfunfähig macht, kann sich nehmen, was immer er will.

> **Bukhari 4,53,351 (Hadith)** *Mohammed: „Allah hat es für mich rechtmäßig gemacht, Kriegsbeute zu machen."*
>
> **Koran, Sure 8,41** *Und wisset, was immer ihr (im Kriege) gewinnen möget, es gehört ein Fünftel davon Allah und dem Gesandten und der Verwandtschaft und den Waisen und den Bedürftigen und dem Wanderer [...]*

Da Dschihad von Muslimen gegen jeden Kafir geführt werden darf, gilt, mit der richtigen Motivation, das Ausrauben von Kuffar als Dschihad.

Sterben auf dem Weg des Dschihad – Märtyrertum

Ein muslimischer Märtyrer ist jemand, der für Allah und den Islam tötet. Voraussetzung ist, dass seine Morde rein sind und allein Allah gewidmet. Ist seine Motivation rein, so wird der Dschihad-Kämpfer ins Paradies gelangen, oder er kann sich den Reichtum des Kafir aneignen.

> **Bukhari 1,2,35 (Hadith)** *Mohammed sagte: „Der Mann, der sich dem Jihad anschließt, von nichts außer aufrichtigem Glauben an Allah und seine Propheten angetrieben und der ihn überlebt, wird von Allah entweder im Jenseits oder mit der Kriegsbeute belohnt werden. Wenn er im Kampf getötet wird und als Märtyrer stirbt, wird er im Paradies aufgenommen werden. ..."*
>
> **Koran Sure 61,10** *Ihr Gläubigen! Soll ich euch zu einem Handel weisen, der euch (dereinst) von einer schmerzhaften Strafe erretten wird? 11 Dann rate ich euch:) Ihr müßt an Al-*

lah und seinen Gesandten glauben und mit eurem Vermögen und in eigener Person um Allahs willen Krieg führen. Das (zaalikum) ist besser für euch, wenn (anders) ihr (richtig zu urteilen) wißt.

Die Wirksamkeit des Dschihad

In Mekka war Mohammed ein religiöser Prediger, der etwa 10 Personen pro Jahr dazu brachte, zum Islam überzutreten. In Medina wurde Mohammed zu einem Kriegsherr und Politiker, der jedes Jahr etwa 10.000 Menschen zum Islam bekehrte.

Politik und Dschihad waren also tausendmal wirksamer als die Religion, um die Araber zum Islam zu bekehren.

Hätte sich Mohammed nicht der Politik und des Dschihad bedient, so hätte es zum Zeitpunkt seines Todes nur ein paar hundert Muslime gegeben, und der Islam wäre gescheitert.

Islam als Religion war ein Mißerfolg. Die Strategie, Politik mit Religion zu kombinieren, war dagegen ein voller Erfolg.

Die folgende Grafik zeigt anschaulich das Wachstum des Islam während seiner beiden Phasen:

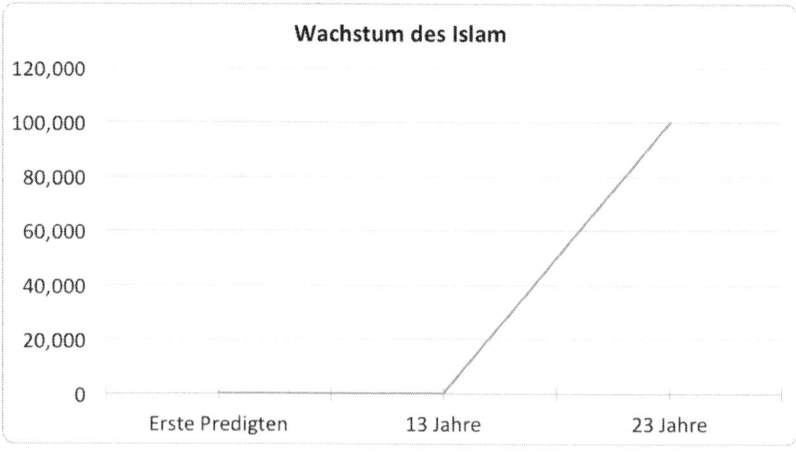

Statistiken des Dschihad

Der Dschihad nimmt einen großen Tel der Trilogie ein. Der später überlieferte, politsche Teil des Koran besteht zu 24%, der gesamte Koran zu etwa 9% aus Versen über den Dschihad. Der Dschihad beansprucht 21% des gesamten Inhalts der Hadithesammlung von Bukhari, die Sira widmet sich zu 67% dem Dschihad.

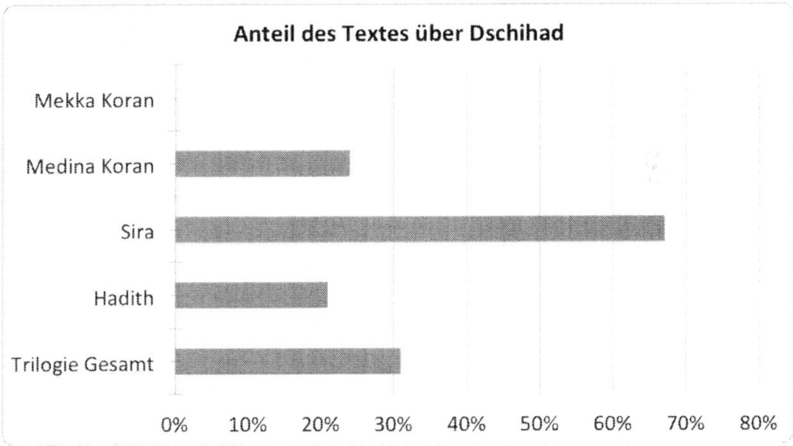

Die Tränen (Getöteten auf dem Weg) des Dschihad

Zahl der Menschenleben, die der Dschihad während der letzten 1.400 Jahre gefordert hat:

Christen:	60 Millionen
Hindus:	80 Millionen
Buddhisten:	10 Millionen
Afrikaner:	120 Millionen
Gesamt:	**270 Millionen**

Diese Todesfälle werden die ‚Tränen des Dschihad' genannt.

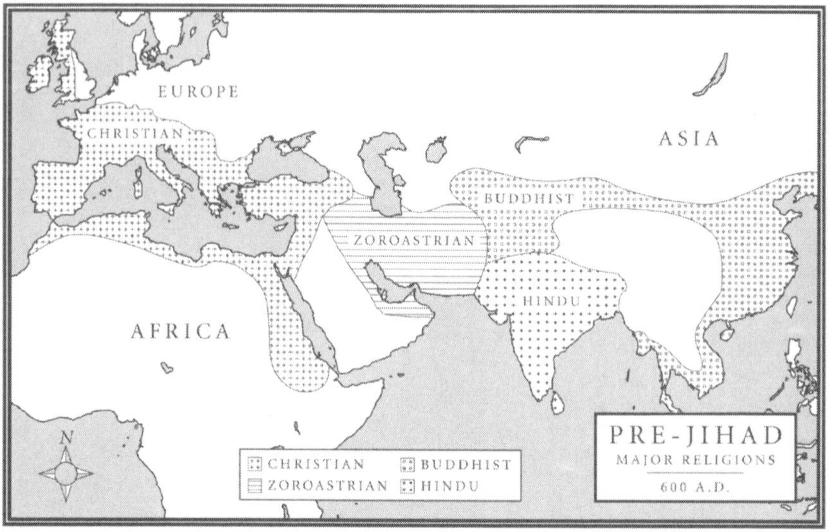
EUROPE
CHRISTIAN
ASIA
BUDDHIST
ZOROASTRIAN
HINDU
AFRICA
N
CHRISTIAN
BUDDHIST
ZOROASTRIAN
HINDU
PRE-JIHAD
MAJOR RELIGIONS
600 A.D.

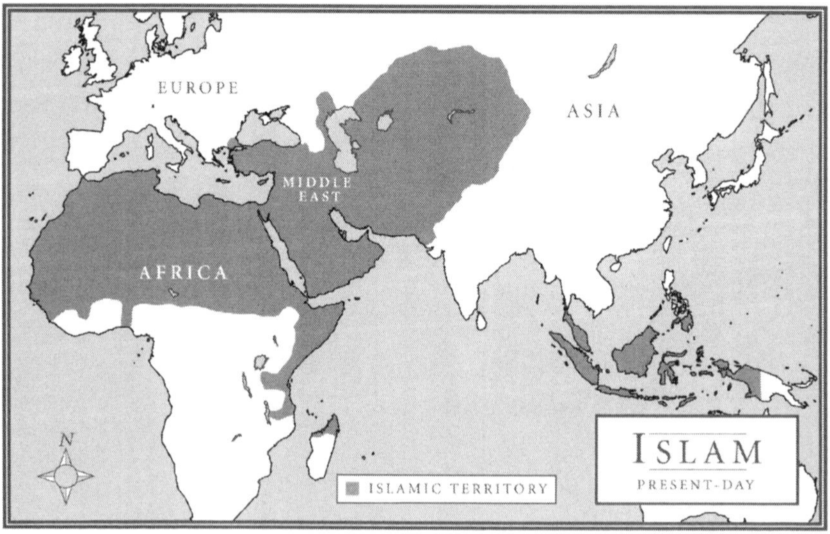
EUROPE
ASIA
MIDDLE
EAST
AFRICA
N
ISLAMIC TERRITORY
ISLAM
PRESENT-DAY

Unterwerfung & Dualität

Kapitel 7

Unterwerfung

Da die Scharia auf dem Koran und der Sunna von Mohammed beruht, ist es unvermeidbar, dass sie den gleichen grundlegenden Prinzipien folgt. Das oberste Gesetz des Islam verlangt, dass sich die gesamte Welt Allah unterwerfen und der Sunna Mohammeds folgen muss. Dies wiederum setzt voraus, dass sich Muslime der Scharia unterwerfen müssen. Wo Ungläubige in der Scharia erwähnt werden, geht es stets um deren Unterwerfung. Gleichheit zwischen Muslimen und den Kuffar existiert nicht, der Kafir ist dem Muslim politisch untergeordnet.

Die Scharia fordert, dass sich unsere Institutionen dem Islam unterwerfen. Unsere Schulen unterliegen z.B. engen Vorgaben, wie sie Islam zu unterrichten haben. Unsere Medien müssen den Islam in einem guten Licht erscheinen lassen. Jede Facette unserer Zivilisation wird sich schließlich der Scharia fügen müssen. Im täglichen Leben bedeutet dies, dass, wo immer der Islam eine Forderung erhebt, wie z.B. die Einführung des Schulgebets, wir als Gesellschaft dem Folge zu leisten haben.

Dualität

Der Kafir und der Dschihad sind Teil der Scharia. Die Scharia enthält zwei unterschiedliche Gruppen von Gesetzen – eine für Muslime und eine für Kuffar. Kuffar werden nicht gleichrangig behandelt, sondern als Minderwertige. Das ist rechtskräftiger Dualismus.

Der Islam hält zwei Auffassungen über beinahe jedes Thema im Zusammenhang mit den Kuffar bereit.

Hier ein tolerantes Beispiel aus dem Koran:

> **Koran, Sure 73,10** *Und ertrage in Geduld alles, was sie reden; und scheide dich von ihnen in geziemender Art.*

Von der Toleranz bewegen wir uns zur Intoleranz:

> **Koran, Sure 8,12** *Da dein Herr den Engeln offenbarte: „Ich bin mit euch; so festiget denn die Gläubigen. In die Herzen der Ungläubigen werde Ich Schrecken werfen. Treffet (sie) oberhalb des Nackens und schlagt ihnen die Fingerspitzen ab!“*

Der Koran ist derart voll von Widersprüchen wie diesem, dass er die Methode zur Lösung dieses Problems gleich mitliefert: die so genannte „Abrogation“ – die Aufhebung.

Aufhebung bedeutet, dass ein später verfasster Vers ein höheres Gewicht besitzt als ein früher verfasster. Dennoch sind beide Verse immer noch wahr, denn der Koran ist das genaue Wort Allahs. Der erste der beiden oben genannten Verse ist der ältere, also früher entstandene und somit schwächer als der zweite.

So ist die Regel: der früher entstandene, schwächere, ‚gute‘ Vers wird vom später entstandenen stärkeren, ‚bösartigen‘ Vers aufgehoben (abrogiert).

Dass die „Wahrheit“ der frühen mekkanischen Verse nach wie vor Gültigkeit besitzt zeigt sich an der Tatsache, dass der mekkanische Koran vorwiegend von Muslimen und Apologeten, Fürsprechern des Islam, zitiert wird.

Er mag durch spätere Offenbarungen aufgehoben worden sein, doch er wird nach wie vor als die heilige Wahrheit des Koran genutzt.

Praktisch bedeutet dies, dass die frühen, moderaten Verse zur Anwendung kommen, wenn der Islam schwach ist und die später überlieferten, aggressiven, wenn er stark ist. Dies deckt sich mit der Laufbahn Mohammeds.

Diese lässt sich in zwei sehr verschiedene Abschnitte – die frühe und die späte Phase, unterteilen. In Mekka war Mohammed zunächst ein religiöser Prediger. Später, in Medina, wurde er zu einem mächtigen Politiker und Kriegsherrn.

Der frühe, mekkanische Koran überliefert die Ratschläge Allahs für den Islam in Zeiten der Schwäche, während der spätere, medinensische Koran erklärt, was zu tun ist, wenn der Islam stark ist. Je stärker Mohammed wurde, desto härter hat er gegen die Kuffar Krieg geführt. Der Koran hält für jeden Muslim in jeder Phase dieser Entwicklung die passenden Verhaltensnormen bereit.

Es gibt also in gewisser Weise zwei Seiten Mohammeds und zwei Korane, die einander widersprechen. Der frühe, religiöse, friedliche Koran von Mekka wird widerlegt vom späteren, dem politischen Dschihad-Koran von Medina. Dennoch ist ersterer immer noch wahr und kann verwendet werden. So sind es gerade diese frühen, gemäßigten Verse, die von den Unterstützern des Islam zitiert werden.

Da Mohammeds Handlungen als perfekte, tadellose Verhaltensweise angesehen werden, begründeten diese die dualistische Ethik des Islam. Diese Dualität, das Schöpfen sowohl aus friedlichen sowie aggressiv-kriegerischen Überlieferungen, verleiht dem Islam eine unglaubliche Flexibilität und Anpassungsfähigkeit.

Dualistische Ethik

Der Islam besitzt keine „Goldene Regel", oder einen generellen Verhaltenskodex. Schon die bloße Existenz des Begriffes „Kafir" in einem heiligen Text bedeutet, dass es keine Goldene Regel geben kann, denn niemand will so behandelt werden, wie die Kuffar von Mohammed behandelt wurden. Kuffar wurden ermordet, gefoltert, versklavt, vergewaltigt, ausgeraubt, betrogen, verspottet und lächerlich gemacht.

> **Bukhari 9,85,83 (Hadith)** *Mohammed: „Ein Muslim ist ein Bruder gegenüber anderen Muslimen. Er soll sie nie unterdrücken, noch sollte er deren Unterdrückung fördern. Allah wird die Bedürfnisse derer erfüllen, die Bedürfnisse ihrer Brüder erfüllen."*

Der Islam besitzt keine allgemeingültige Ethik für menschliches Verhalten. Vielmehr handelt es sich um eine dualistische Ethik, welche die Menschheit in zwei Gruppen einteilt. Es gibt zwei Regeln: Ein Muslim ist einem anderen Muslim ein Bruder. Einen Kafir kann der Muslim behandeln wie einen Bruder – oder wie einen Feind.

Außerdem: was nicht wahr ist im Islam, ist nicht immer eine Lüge.

> **Bukhari 3,49,857 (Hadith)** *Mohammed: „Ein Mann, der den Menschen Frieden bringt, indem er beschönigende Worte macht oder nette Dinge sagt, obwohl diese unwahr sind, lügt nicht."*

Der Schwur eines Muslim ist flexibel:

> **Bukhari 8,78,618 (Hadith)** *Abu Bakr hielt getreulich seine Schwüre, bis Allah Mohammed die Wiedergutmachung dafür offenbarte, sie zu brechen. Danach sagte er: „Wenn ich ein Versprechen mache und später ein wertvolleres Versprechen entdecke, dann entscheide ich mich für die bessere Handlung und leiste Schadenersatz für mein früheres Versprechen."*

Mohammed forderte Muslime wiederholt dazu auf, Ungläubige zu täuschen, wenn es dem Islam einen Vorteil verschafft:

> **Bukhari 5,59,369 (Hadith)** *Mohammed fragte: „Wer tötet Ka'b, den Feind Allahs und Mohammeds?". Bin Maslama erhob sich und antwortete: „O Mohammed! Würde es Dir gefallen, wenn ich ihn töten würde?". Mohammed antwortete: „Ja". Bin Maslama sagte dann: „Gib mir die Erlaubnis, ihn mit Lügen zu täuschen, so dass mein Plan gelingen wird.". Mohammed antwortete: „Du kannst unaufrichtig mit ihm sprechen."*

> **Bukhari 4,52,268 (Hadith)** *Mohammed sagte: „Dschihad ist Täuschung."*

Der Islam hat einen Begriff für Täuschung, welche seinen Zielen nutzt: Taqiyya. Taqiyya bedeutet heilige Täuschung. Ein Muslim darf jedoch einen anderen Muslim nicht anlügen. Eine Lüge sollte nie ausgesprochen werden, es sei denn, es gibt keine andere Möglichkeit, eine Aufgabe zu erfüllen. Al Tabarani sagte in al Awsat folgendes: *„Lügen sind Sünden, außer wenn sie für das Wohl eines Muslim ausgesprochen werden oder dazu, ihn vor einem Unglück zu bewahren.“*[4]

Freunde

Ein Bestandteil der islamischen dualistischen Ethik beinhaltet auch die Lehre über Freundschaft.

Es gibt zwölf Verse im Koran die besagen, dass ein Muslim nicht der Freund eines Kafir ist.

Hier zwei Beispiele:

> **Koran, Sure 4,144** *O die ihr glaubt, nehmt euch keine Ungläubigen zu Freunden vor den Gläubigen. Wollt ihr wohl Allah einen offenkundigen Beweis gegen euch selbst geben?*

> **Koran, Sure 3,28** *Die Gläubigen sollen sich nicht Ungläubige zu Freunden nehmen vor den Gläubigen - und wer das tut, hat nichts mit Allah -, es sei denn, daß ihr euch vorsichtig vor ihnen hütet. Allah warnt euch vor Seiner Strafe, und zu Allah ist die Heimkehr.*

Versklavung

Die ethische Unterscheidung zwischen Muslim und Kafir im Islam schreibt vor, dass ein Kafir versklavt werden kann. Es ist jedoch verboten, einen Muslim zu versklaven. Wenn ein Sklave zum Islam konvertiert, dann liegt ein Nutzen darin, ihn freizulassen. Es liegt jedoch kein Nutzen darin, einen versklavten Kafir freizulassen.

> **Bukhari 3,46,693** *Mohammed sagte: „Wenn ein Mann einen muslimischen Sklaven freilässt, wird Allah ihn aus dem*

4 Bat Ye'or, The Dhimmi (Cranbury, n.j.: Associated University Presses, 2003), 392

Feuer der Hölle auf die gleiche Art befreien, in der dieser den Sklaven befreit hat." Bin Marjana sagte das, nachdem er diese Offenbarung Ali erzählt hatte, dem Mann, der einen Sklaven freigelassen hatte, für den ihm Abdullah tausend Dinar angeboten hatte.

Al walaa wa al baraa – Heilige Liebe und heiliger Hass

[Andere Schreibweise: Al-walā' wa-l-barā'a, A.d.Ü.]

Die Scharia lehrt das dualistische ethische Prinzip, zu „lieben, was Allah liebt und zu hassen, was Allah hasst" (siehe auch Kapitel 5).

Dies beinhaltet die Ablehnung der politischen Systeme der Kuffar, wie das Grundgesetz bzw. die Verfassung, sowie die Liebe zum Scharia-Recht. Dieses Prinzip ist der Grund für die islamischen Forderungen nach der Einführung der Scharia in Amerika. Welche Art der Gesetzgebung die Kuffar auch haben mögen, sie darf nicht übernommen werden, denn Allah hasst alles was die Kuffar erschaffen.

Dhimmi Status

Kapitel 8

Islamische Gelehrte behaupten: Der Islam ist die Bruderreligion von Christentum und Judentum; unter islamischer Herrschaft kümmert man sich um Christen und Juden und beschützt sie, sofern sie Dhimmis werden.

Als Mohammed nach Medina zog, war die Stadt zur Hälfte von Juden bewohnt, die er dann vernichtete. Danach richtete er seine Aufmerksamkeit auf die reichen Juden von Khaybar. Ohne von ihnen provoziert worden zu sein, griff er sie an und unterwarf sie. Sie verloren all ihr Vermögen und erhielten einen drittklassigen politischen Status als Dhimmis. Die Juden wurden der Scharia unterworfen und verloren jeglichen politischen Einfluss, aber sie durften weiterhin Juden bleiben. Als Dhimmis mussten sie eine jährliche Steuer namens Djizya entrichten, die Hälfte ihres Einkommens.

Kuffar sind Untertanen des islamischen Staates

Aus der Scharia:

Scharia, o11.1 Ein formaler Vertrag (dhimma) wird mit den Juden und Christen abgeschlossen, nicht jedoch mit Mormonen[5]. Dadurch werden sie (Christen und Juden) zu Dhimmis.

Scharia, o11.3 Die Dhimmis müssen die Gesetze des Islam befolgen:

- Die Djizya bezahlen, die Kopfsteuer der Dhimmis.
- Solange die Dhimmis dies tun, wird der Staat sie schützen. Sie dürfen ihre Religionen ausüben und eine Gerichtsbarkeit nach ihren eigenen Gesetzen unterhalten.

5 Der Traveller wurde im 14.Jhd geschrieben, die „Mormonen“ wurden erst später hinzugefügt.

Hier die vollständigen Dhimmi Gesetze der Scharia, entnommen einem Vertrag, welcher im Jahr 637 n. Chr. mit den Christen geschlossen wurde. Diese Gesetze sind vergleichbar mit denene für Juden und andere.

Der Vertrag von Umar

Wir werden in unseren Städten oder in der Nachbarschaft keine neuen Klöster, Kirchen, Klosterschulen oder Mönchzellen bauen, noch werden wir solche, die zu Ruinen zerfallen oder in muslimischen Gebieten liegen, weder tagsüber noch nachts in Stand halten.

Wir werden unsere Tore weit offen halten für Vorbeiziehende und Reisende. Wir werden allen Muslimen, die bei uns vorbei kommen, drei Tage lang Kost und Unterkunft gewähren.

Wir werden in unseren Kirchen oder Unterkünften keinem Spion Zuflucht gewähren, oder ihn vor den Muslimen verstecken.

Wir werden unsere Religion nicht öffentlich bekunden, noch irgendjemanden zu dieser bekehren.

Wir werden Familienmitglieder nicht daran hindern, zum Islam überzutreten, wenn dies ihr Wunsch ist.

Wir werden den Muslimen Respekt erweisen und wir werden uns von unseren Sitzen erheben, wenn sie sich setzen wollen.

Wir werden nicht versuchen, wie Muslime auszusehen, indem wir ihre Art, sich zu kleiden, nachahmen.

Wir werden nicht auf Pferden reiten (Pferde waren damals Teil militärischer Ausrüstung, A.d.Ü.) und keine Schwerter an unseren Gürteln tragen, noch irgendwelche anderen Waffen mit uns führen.

Wir werden keine arabischen Schriftzeichen in unsere Siegel gravieren.

Wir werden keine fermentierten Getränke (Alkohol) verkaufen.

Wir werden unsere Stirnhaare kürzen (kurzes Stirnhaar tragen, als Zeichen der Erniedrigung).

Wir werden uns immer gleich kleiden, wo auch immer wir uns aufhalten, und wir werden den Zunar um unsere Hüften binden. (Christen und Juden mussten besondere Kleidung tragen).

Wir werden weder unsere Kreuze noch unsere Bücher auf den Straßen oder Märkten der Muslime offen zeigen.

Wir werden in unseren Kirchen nur leise in die Hände klatschen.

Wir werden unsere Stimmen nicht erheben wenn wir unseren Toten (auf dem Weg zur Beerdigung) folgen.

Wir nehmen keine Sklaven, die bereits Muslimen zuerkannt wurden.

Wir werden keine Häuser bauen, die höher sind als die der Muslime.

Wer einen Muslim absichtlich schlägt, verliert den Schutz durch diesen Vertrag.

(Aus: Al-Turtushi, Siraj Al-Muluk S. 229-230)

Darüber hinaus war es dem Dhimmi nicht erlaubt, vor einem Scharia Gericht eine Zeugenaussage zu machen, daher hatte er in einem Rechtsstreit mit einem Muslim keine rechtliche Handhabe. Ein Dhimmi durfte Mohammed nicht kritisieren oder mit einem Muslim über das Christentum sprechen.

Die Scharia und der Dhimmistatus sind die Erklärung dafür, wie christliche Länder wie die Türkei, Ägypten, Nordafrika, Libanon, Syrien, Irak und Äthiopien islamisch werden konnten. Der Dschihad gab den Muslimen politische Kontrolle und setzte die Scharia in Kraft. Dadurch wurden alle Christen zu Dhimmis. Jahrhunderte der Djizya Kopfsteuer und eines drittklassigen

Rechtsstatus veranlassten sie, zum Islam überzutreten. Es waren das Scharia-Recht und der Dhimmi-Status, die das Christentum in den heute islamischen Ländern zerstört haben.

Auch unsere westliche Zivilisation kann unter der Scharia nicht fortbestehen.

Sklaverei

Kapitel 9

SCHARIA: die aktuelle Version des Handbuchs für die Scharia, *The Reliance of the Traveller*, enthält Reste der umfangreichen islamischen Rechtslehre zur Sklaverei.

Scharia, Absatz k32.0, die Freilassung, blieb allerdings ohne Übersetzung. Stattdessen findet sich eine redaktionelle Entlastung der Sklaverei als etwas, dessen Abschaffung so bald als möglich angegangen werden sollte. Dies ist reine Taqiyya, heilige Täuschung. Der Islam war und ist der machtvollste Sklavenhalter unter sämtlichen Ideologien. Der Islam wurde geradezu auf der Sklaverei errichtet.

Mohammed und die Sklaverei

Der Begriff „Sklave" ist im Islam positiv besetzt. Mohammed hat sich und Muslime im allgemeinen als Sklave Allahs bezeichnet. Der zweite Mann, den Mohammed zum Islam bekehrte, war ein Sklave.

Mohammed hat sich persönlich in jeder erdenklichen Weise an der Sklaverei beteiligt:

Er ließ ungläubige Männer töten, um ihre Frauen und Kinder versklaven zu können.[6] Er hat Sklaven verschenkt.[7] Er besaß zahlreiche Sklaven, einige von ihnen waren Schwarze.[8] Er reichte Sklavinnen zum Zweck der sexuellen Befriedigung unter seinen Gefährten herum, unter Männern, die den Rang

6 The Life of Mohammed, A. Guillaume, Oxford University press, 1982, S. 466

7 Ebenda, S. 499

8 Ebenda, S. 516

von Anführern hatten.[9] Er war dabei, wenn andere ihre Sklaven schlugen.[10] Er teilte das Vergnügen an gewaltsam erzwungenem Geschlechtsverkehr mit Frauen, die nach Eroberungen versklavt wurden.[11] Er nahm Sklaven gefangen und verkaufte sie, um Geld für den Dschihad zu beschaffen.[12] Eine seiner bevorzugten Sexualpartnerinnen war eine Sklavin, die ihm einen Sohn gebar.[13] Er erhielt Sklaven von anderen Herrschern als Geschenk.[14] Die Kanzel, von der er predigte, wurde von einem Sklaven angefertigt.[15] Sein Essen wurde von Sklaven zubereitet.[16] Er wurde von einem Sklaven medizinisch behandelt.[17] Sein Schneider war ein Sklave.[18] Mohammed erklärte, dass die Gebete eines entflohenen Sklaven nicht erhört würden.[19] Und er begrüßte den Geschlechtsverkehr zwischen Besitzern und Sklaven.[20]

Islam und Sklaverei

Der Islam versklavte Afrikaner, Europäer (über eine Million von ihnen), Hindus, Buddhisten, einfach jeden, der dem Dschihad im Weg war.

Der Islam hat mehr Menschen versklavt als jede andere Kultur. Muslime bekennen sich weder zu ihrer Geschichte der Versklavung aller Rassen und Religionen, noch entschuldigen sie sich dafür.

Es ist eine kaum bekannte Tatsache, dass der teuerste Sklave in Mekka stets eine weiße Frau war. Laut der Sunna war Mohammeds Lieblings-Sexsklavin eine weiße Christin.

---

9 Ebenda, S. 593
10 Ebenda, S. 295
11 Ebenda, S. 496
12 Ebenda, S. 466
13 William Muir, The Life of Mohammed (AMS Press, 1975), S. 425
14 Ebenda, S. 425
15 Bukhari, Hadithe, Band 1, Buch 8, Nummer 440
16 Ebenda, Band 3, Buch 34, Nummer 295
17 Ebenda, Band 3, Buch 36, Nummer 481
18 Ebenda, Band 7, Buch 65, Nummer 344
19 Muslim, Hadithe, Buch 001, Nummer 0131
20 Ebenda, Buch 008, Nummer 3383

Der Islam praktiziert die Sklaverei in Afrika bis heute. Sie findet sich in Saudi Arabien, Mauretanien, dem Sudan und anderen islamischen Gebieten in deren Nähe Kuffar leben.

Es ist geschichtlich belegt, dass erst das politische Eingreifen der Christen der Sklaverei ein Ende bereitet hat.[21]

21 Bernhard Lewis, Race and Slavery in the Middle East, Oxford University Press, 1990, S.79

Meinungsfreiheit

Kapitel 10

BEHAUPTUNG: der Islam ist eine Religion des Friedens
SCHARIA: Apostasie bedeutet, den Islam zu verlassen; für einen Muslim ist der Abfall vom Islam ein Kapitalverbrechen, das mit dem Tod zu bestrafen ist.

Apostasie (Abfall) vom Islam

Scharia, o8.1 Wenn eine Person, nach Erreichen der Pubertät und geistig gesund, freiwillig vom Islam abfällt, verdient sie, getötet zu werden.

Im Islam wird die Praxis, einen Apostaten, also jemanden der den Islam verlässt, zu töten, in den Hadithen und der frühen Geschichte des Islam nach dem Tod Mohammeds eindeutig dargelegt.

Als Mohammed starb, wollten ganze Stämme den Islam verlassen. Die ersten Kriege, die im Namen des Islam geführt wurden, richteten sich gegen diese Apostaten, und Tausende von ihnen wurden getötet.

> **Bukhari 2,23,483 (Hadith)** *Nach dem Tode Mohammeds wurde Abu Bakr Kalif und er erklärte einer Gruppe von Arabern den Krieg, die zum Heidentum zurückkehrten.*

> **Bukhari 9,83,17 (Hadith)** *Mohammed: „Ein Muslim, der bekannt hat, dass es keinen Gott außer Allah gäbe, und dass Ich Sein Prophet bin, darf nicht getötet werden außer aus drei Gründen: als Strafe für Mord, Ehebruch und für Apostasie."*

Für einen Apostaten kann keine Strafe zu hoch sein:

Bukhari 8,82,797 (Hadith) *Einige Menschen kamen nach Medina und wurden Muslime. Sie wurden krank und Mohammed schickte sie zu dem Ort an dem die Kamele untergebracht waren und er empfahl ihnen, als Medizin deren Urin und Milch zu trinken. Sie folgten seinem Ratschlag, aber als sie sich erholt hatten, töteten sie den Kamelhirten und stahlen die Herde.*
Am nächsten Morgen hörte Mohammed was die Männer getan hatten und befahl, sie gefangen zu nehmen. Noch vor dem Mittag wurden die Männer gefangen genommen und vor Mohammed gebracht. Er befahl, dass man ihnen Hände und Füße abtrennte und ihre Augen mit heißen Schüreisen ausstach. Dann wurden sie zerklüftete Felsen hinab geworfen, ihr Flehen nach Wasser ignoriert und sie verdursteten.“ Abu sagte, „Sie waren Diebe und Mörder, die den Islam verlassen haben und zum Heidentum zurückgekehrt sind, wodurch sie Allah und Mohammed angegriffen haben.“

Tötet die Apostaten:

Bukhari 9,89,271 (Hadith) *Ein gewisser Jude hatte den Islam angenommen, kehrte dann aber zu seinem ursprünglichen Glauben zurück. Muadh sah den Mann zusammen mit Abu Musa und sagte, „Was hat dieser Mann getan?“. Abu Musa antwortete, „Er hat den Islam angenommen, aber ist dann zum Judentum zurückgekehrt.“. Darauf sagte Muadh, „Es ist das Urteil Allahs und Mohammeds, dass er getötet werden soll und ich werde nicht eher ruhen, bis du ihn getötet hast.“*

Die Idee der Religionsfreiheit und der Freiheit der Gedanken ist im Islam unmöglich. Unterwerfung ist der zentrale Kerngedanke, der ideale Bürger ist ein Sklave Allahs. Alles Denken muss sich dem Koran und der Sunna unterwerfen – der Scharia.

Kunst

Hinsichtlich der Gründlichkeit bei der Durchdringung sämtlicher Lebensbereiche kennt die Scharia keine Grenzen. Jegliches öffentliche Äußern von Ideen und die Kunst muss den Geboten der Scharia unterworfen werden.

Musik, Gesang, Tanz und Musikinstrumente

Scharia, r40.1 Musikinstrumente müssen abgeschafft werden.

- Flöten, Streichinstrumente und ähnliches sind verboten.
- Denjenigen, die Sängern zuhören, werden am Jüngsten Tag die Ohren mit Blei gefüllt.
- Lieder erzeugen Scheinheiligkeit.

Scharia, r40.2 Es ist ungesetzlich, Musikinstrumente zu benutzen oder Mandoline, Laute, Zymbel und der Flöte zu lauschen. Auf Hochzeiten, bei Beschneidungen und zu anderen Anlässen ist es erlaubt, das Tamburin zu spielen, auch wenn es Schellen an den Seiten hat. Das Schlagen der Trommel ist ungesetzlich.

Bilderverbot

Scharia, w50.1 Man sollte sich im klaren sein, dass das Bilderverbot extrem streng ist.

> **Bukhari 7,72,843 (Hadith)** *Als sich Gabriels angekündigter Besuch um einen Tag verspätete, war Mohammed niedergeschlagen. Als Gabriel schließlich kam, beschwerte sich Mohammed über die Verspätung. Gabriel sprach zu ihm: „Engel betreten kein Haus, das einen Hund beherbergt oder ein Bild."*

Nachahmung des Schöpferaktes durch Allah

Scharia, w50.2 Bilder ahmen Allahs Schöpfungsakt nach.

Bukhari 4,54,447 (Hadith) *Eines Tages stellte ich (Aischa) ein gefülltes Kissen für Mohammed her und verschönerte es mit Bildern von Tieren. Eines Tages trat er mit einigen anderen Leuten herein und ich bemerkte einen Ausdruck von Erregtheit in seinem Gesicht. Ich fragte: „Stimmt etwas nicht?" Er antwortete, „Was macht dieses Kissen hier?" Ich antwortete, „Ich habe es für dich gemacht, so dass du darauf liegen kannst." Er sagte, „Weißt du nicht dass die Engel kein Haus betreten, in dem sich Bilder befinden, und dass der Mensch, der diese Bilder herstellt am Jüngsten Tag so lange bestraft werden wird, bis er das, was er gemacht hat, zum Leben erweckt hat?"*

Das Erschaffen vom Bildern

Scharia, p44.1 Diejenigen, die Bilder erschaffen, werden in der Hölle brennen.

Bukhari 8,73,130 (Hadith) *Es gab einmal einen Vorhang mit Tierbildern in meinem (Aischas) Haus. Als Mohammed dies sah, wurde sein Gesicht rot vor Zorn. Er riss ihn in Stücke und sagte, „Menschen, die solche Bilder malen, werden am Jüngsten Tag die schlimmste Strafe der Hölle erhalten."*

Literatur

Jede Literatur muss sich den Forderungen der Scharia unterwerfen. Wer den Islam beleidigt, darf ermordet werden, da Mohammed persönlich einige Künstler töten liess. Salman Rushdie lebte unter einer Todesdrohung für das Verfassen eines Romans mit dem Titel *Satanische Verse*. Es gab weltweite Ausschreitungen und Morde nach der Veröffentlichung der dänischen Mohammed Karikaturen. Theo van Gogh und Pim Fortuyn, beide waren Künstler, wurden in Europa wegen Gotteslästerung gegenüber dem Islam ermordet.

Mohammed tötete wiederholt Künstler und Intellektuelle, so auch Kab, einen Dichter, der in einem seiner Gedichte den Islam kritisierte. Beachten Sie den Einsatz von Hinterlist (Taquiyya):

> **Bukhari 5,59,369 (Hadith)** *Allahs Apostel sagte, „Wer will Kab töten, der Allah und seinen Apostel gekränkt hat?". Darufhin stand Maslama auf und sagt, „Oh Allahs Apostel! Würde es dir gefallen wenn ich ihn töte?"*
>
> *Der Prophet sagte, „Ja."*
>
> *Maslama sagte, „Dann erlaube mir, falsches zu sagen um Kab zu täuschen."*
>
> *Der Prophet sagte, „So sage es."*
>
> *Dann ging Maslama zu Kab und sagte, „Mohammed verlangt Geld von uns und ich muss mir Geld leihen."*
>
> *Darauf gab Kab zur Antwort, „Bei Allah du wirst seiner überdrüssig werden!"*
>
> *Maslama sagte, „Nun da wir ihm gefolgt sind, wollen wir ihn nicht mehr verlassen. Nun wollen wir von dir eine Kamelladung an Nahrung leihen."*
>
> *Kab sagte, „Ja, ich werde euch die Nahrung leihen, aber du solltest mir etwas als Pfand geben."*
>
> *Sie gaben ihm ihre Waffen als Pfand und versprachen, in der selben Nacht wiederzukommen. Also kam Maslama mit zwei Männern zurück und sagte zu ihnen, „Wenn Kab kommt, dann werde ich sein Haar berühren und daran riechen und wenn ihr seht, dass ich seinen Kopf festhalte, dann tötet ihn."*
>
> *Kab kam herunter zu ihnen, eingewickelt in seine Kleider und nach Parfüm duftend.*

Maslama sagte, „Ich habe niemals einen schöneren Duft gerochen als diesen. Wirst du mir erlauben an deinem Kopf zu riechen?“

Kab sagte, „Ja.“

Als Maslama ihn fest im Griff hatte, sagte er zu seinen Gefährten, „Ergreift ihn!“

So töteten sie ihn und gingen zum Propheten und informierten ihn. Nach Kab Bin Al-Ashraf wurde Abu Rafi getötet.

Ishaq 819 (Sira) *Mohammed hatte seinen Kommandanten aufgetragen, nur jene zu töten, die sich widersetzten; alle anderen sollten sie nicht behelligen außer eben jenen, die gegen Mohammed gesprochen hatten. Danach erließ er Todesurteile gegen alle jene in Mekka, die sich dem Islam widersetzt hatten. Die Liste derer, die getötet werden sollten umfasste:*

- *einen der Schreiber Mohammeds. Er hatte gesagt, dass Mohammed ihn manchmal eine bessere Formulierungen einsetzen ließ, wenn Mohammed die koranischen Offenbarungen erhielt. Dies war der Grund weshalb der Sekretär seinen Glauben verlor.*
- *zwei Mädchen, die satirische Lieder über Mohammed gesungen hatten.*
- *einen muslimischen Steuereintreiber, der zum Apostaten geworden war (den Islam verlassen hatte).*
- *einen Mann, der Mohammed beleidigt hatte.*
- *alle Künstler und politischen Persönlichkeiten, die sich ihm entgegengestellt hatten.*

Finanzwesen

Kapitel 11

ISLAMISCHE GELEHRTE BEHAUPTEN, das Scharia(-konforme) Finanzwesen sei ein heiliges Finanzwesen und alle religiösen und moralischen Menschen sollten in Scharia-konforme Finanzinstrumente investieren. Das Geld wird nicht in alkoholische Getränke, Tabak, Glücksspiel, Schweinefleisch, Kunst oder anderen unreinen Geschäftsfelder investiert.

Es besteht ein wachsender Bedarf innerhalb der Muslime, über ein eigenes Finanzsystem mit Scharia-konformen Finanzprodukten zu verfügen. Das Scharia Finanzwesen bedient sich Behelfslösungen, um Zinszahlungen zu vermeiden, welche im Islam illegal sind. Es hat sich allerdings herausgestellt, dass das Scharia Finanzsystem tatsächlich höhere Gebühren für die Nutzung von Geld verlangt, nur nennt man es nicht Zinsen sondern „Verleihgebühren".

Scharia: Das Scharia Finanzwesen muss einen Teil seiner Profite als Zakat abführen. Zakat sind die im Islam verpflichtenden wohltätigen Gaben. Der Zakat wird für folgende Zwecke verwendet:

> **Koran, Sure 9,60** *Die Almosen sind nur für die Armen und Bedürftigen und für die mit ihrer Verwaltung Beauftragten und für die, deren Herzen versöhnt werden sollen, für die (Befreiung von) Sklaven und für die Schuldner, für die Sache Allahs und für den Wanderer: eine Vorschrift von Allah. Und Allah ist allwissend, allweise.*

Die Scharia widmet sich ausführlich dem Zakat, die zu zahlen ist

- an Arme und notleidende Muslime, nicht jedoch an Kuffar.
- an jene, die den Zakat einsammeln.

- an kürzlich zum Islam Bekehrte (um sie in ihrem islamischen Glauben zu stärken).
- um Gefangene und Sklaven freikaufen zu können.
- für den Kampf für die Sache Allahs, den Dschihad.
- an Reisende.

Die für Allah kämpfen

Scharia, h8.17 Die Kategorie *Kämpfer für die Sache Allahs* bezeichnet Muslime, welche am islamischen Krieg beteiligt sind, jedoch nicht als Teil einer regulären Armee ein regelmäßiges Einkommen erhalten. Diesen Dschihadisten müssen Waffen, Bekleidung, Mahlzeiten, Reisen und andere Ausgaben bezahlt werden. Auch ihre Familien sollen Zahlungen erhalten.

Scharia, h8.24 Es ist nicht gestattet, Zakat an einen Kafir zu geben.

Wenn wir Nicht-Muslime uns an Scharia-konformen Finanzanlagen beteiligen, dann unterstützen wir damit:

- Almosen *ausschließlich* für Muslime, nicht jedoch für Kuffar.
- die Förderung von Personen, die zum Islam konvertiert sind.
- Muslimische Bürokraten.
- Al Kaida und andere Dschihadisten. Dies umfasst auch Geld an Familien von Selbstmordattentätern oder an Familien anderer Dschihadisten, die getötet wurden.

Die Verwendung von Zakatgeld für den Dschihad ist keine Theorie. Wir haben die tatsächlichen Auswirkungen des Zakat am Beispiel der Holy Land Foundation und anderer islamischer Wohltätigkeitsorganisationen verfolgt. Im Jahr 2007 verklagte das FBI in Dallas, Texas, erfolgreich die *Holy Land Foundation* für die Finanzierung des Dschihad (Terrorismus).

Wenn wir uns am Scharia Finanzwesen beteiligen, oder die Scharia in irgendeinem anderen Bereich unterstützen, dann sind wir auch für den Rest moralisch mit verantwortlich:

- Den Missbrauch und die Unterwerfung von Frauen
- das Töten von Apostaten
- attentate auf Künstler und Schriftsteller
- das sittlich-moralische Verbrechen, ohne Reue Sklaverei zu betreiben
- das drittklassige Bürgerrecht für Kuffar
- die Ermordung von bis heute etwa 270 Millionen Menschen, den so genannten „Tränen des Dschihad“

Erleichterung und Notwendigkeit

Die Scharia kennt zwei Prinzipien die man als „Erleichterung“ und „Notwendigkeit“ bezeichnen kann (siehe Kapitel 12). Im Wesentlichen bedeuten Erleichterung und Notwendigkeit, dass ein Muslim, der unter den Kuffar lebt, Geschäfte machen kann wie ein Kafir.

Scharia, w43.0 DER UMGANG MIT ZINSEN IM FEINDESLAND
Scharia, w43.1 Muslime dürfen Zinsen zahlen, wenn sie im *dar al harb*, dem Land des Krieges leben (unter den Kuffar), also dort, wo die Scharia nicht geltendes Recht ist.

Folglich dürfen Muslime in Amerika Zinszahlungen leisten und erhalten, in übereinstimmung mit der Scharia. Warum wünschen sich Muslime dann überhaupt die Einführung des Scharia Finanzwesen? Ganz einfach. Hier kommt das Prinzip der Unterwerfung ins Spiel. Die Kuffar müssen sich in allen Belangen der Scharia unterwerfen, einschließlich des Finanzwesens. Auch bedeutet *Heilige Liebe* und *Heiliger Hass* (siehe Kapitel 5 und Kapitel 7), dass unser Finanzsystem, das Finanzsystem der Kuffar, zerstört werden muss.

Bedenken Sie, gemäß der Scharia gilt Amerika als „Feindesland“.

Forderungen

Kapitel 12

MUSLIMISCHE FÜHRER FORDERN: es ist für die Ausübung unserer Religion notwendig, dass man uns das Gebet in Schulen erlaubt; am Arbeitsplatz; in speziell dafür geschaffenen Gebetsräumen; spezielles Essen (Halal) und freie Tage für muslimische Feiertage; in Schulen und am Arbeitsplatz müssen Kopftücher sowie Ganzkörperschleier (Burkas) beim Sport getragen werden können. Kuffar dürfen niemals auch nur eine Kritik am Islam, auch wenn es sich dabei um Aspekte wie Polygamie, Dschihad oder das Schlagen von Frauen handelt, äußern. Kuffar müssen Sozialleistungen für unsere vielen Frauen erbringen, sie müssen muslimischen Frauen im Krankenhaus eine spezielle Behandlung zuteil werden lassen, und so weiter ...

Die Scharia

Die Scharia beinhaltet eine vollständige Beschreibung des Prozesses der Einwanderung in ein Land der Kuffar und erklärt genau, was zu tun ist, um eine Gesellschaft zu islamisieren. Wenn Sie die Zukunft des Islam in Amerika sehen wollen, dann lesen Sie die 1400 Jahre alte Sira (die Biographie Mohammeds).

Kurz nach ihrer Ankunft akzeptieren die Muslime zunächst ihr neues Zuhause. In einem ersten Schritt wird verkündet, der Islam sei eine Bruderreligion des Christentum und Judentum. Auf Veranstaltungen werden „der Dialog gefördert" und „Brücken gebaut". Es handelt sich dabei um Veranstaltungen, die sich vor allem an die Medien und die Gesellschaft der Kuffar richten. Auch behaupten die Muslime, dass sich die westliche Zivilisation im Grunde auf dem ‚Goldenen Zeitalter' des Islam gründet.

Sobald diese Behauptungen platziert und akzeptiert wurden, kommen die Forderungen nach Veränderungen innerhalb des Landes der Kuffar. Diejenigen, welche sich diesen Veränderungen entgegenstellen werden Fanatiker, Islamophobiker und Rassisten genannt, obwohl noch nie erklärt wurde, was der Widerstand gegenüber dem politischen Islam mit Rassismus zu tun haben soll.

Die Führer der Kuffar

Kuffar in Führungspositionen wissen nichts über den Islam und über das Scharia-Recht. Alle haben sie nette Muslime kennen gelernt und so glauben sie, der Islam müsse ebenfalls gut sein und Leute, die Ärger verursachen, müssten Extremisten sein.

Die Führung der Kuffar hat von dualistischer Ethik oder politischer Unterwerfung keine Ahnung. Die vorrangige Motivation dieser Führer ist es, freundlich zu sein und die Rolle des toleranten Gastgebers für diese neuen Gäste zu spielen. Eine weitere Motivation ist es, nichts zu tun oder zu sagen was sie als Fanatiker ausweisen könnte.

Der Masterplan der Kuffar Eliten lautet: wenn wir nett sind, werden die Muslime sehen wie gut wir sind und deshalb den Islam reformieren. Aber, wenn ihr Ziel ist, die Scharia einzuführen und wenn dieser Prozess seit mittlerweile 1400 Jahren fehlerfrei funktioniert hat, warum sollte man etwas reformieren, das nicht fehlerhaft ist?

Die Scharia kann nicht reformiert werden. Sie ist Allah's Gesetz und daher perfekt, universal anwendbar und komplett.

Heilige Liebe und heiliger Hass

Der emotionale Antrieb hinter den Forderungen des Islam ist der „heilige Hass“, al Walaa wa al Baraa. Allah hasst die Kuffar, ihre Kultur und ihr politisches System. Wer Allah liebt, muss eben auch hassen, was Allah hasst und folgerichtig muss dieser jemand auch eine Abneigung gegenüber unseren Gesetzen und unserer Verfassung haben. Aus diesem Grund muss der Islam beständig fordern, die Kuffar sollten sich der Scharia unterwerfen.

Erster Verfassungszusatz

Islam ist eine Religion und gemäß dem ersten Zusatz in unserer Verfassung (A.d.Ü.: Verfassung der Vereinigten Staaten) genießen Muslime Religionsfreiheit. Sich auch nur einzelnen religiös begründeten Forderungen des Islam zu verweigern wäre verfassungswidrig, also müssen wir tun was immer sie fordern, solange es religiös begründet wird.

Jede „religiöse" Forderung des Islams hat aber auch eine politische Komponente. Dies sind die besonderen Geschenke von Allah an Mohammed:

> **Bukhari 1,7,331 (Hadith)** *Mohammed: mir wurden fünf Dinge gegeben, die noch nie jemandem vor mir gegeben wurden:*
> 1. *Allah machte mich siegreich durch Furcht, dadurch dass er die Feinde erschreckt hat, bleiben sie in einem Abstand von einer Monatsreise.*
> 2. *Die Erde wurde für mich und meine Nachfolger gemacht, ein Ort des Gebets und ein Ort um Rituale durchzuführen; deshalb kann jeder meiner Anhänger beten, wo auch immer, wenn die Zeit für ein Gebet gekommen ist.*
> 3. *Mir wurde das Recht auf Kriegsbeute gegeben, doch vor mir gab es für niemanden dieses Recht.*
> 4. *Mir wurde das Recht der Fürsprache am Jüngsten Tag gegeben.*
> 5. *Alle Propheten wurden bisher in ihre Heimatländer gesandt, aber ich wurde der Menschheit gesandt.*

Die Rolle des islamischen Gebets ist eine mit Dschihad und Scharia einher gehende Forderung. Der Islam fordert, dass der Staat jedes seiner Bedürfnisse befriedigt. Dies kommt einer Aufforderung an Kuffar Regierungen gleich, sich politisch zu unterwerfen.

Die Kuffar müssen den Unterschied zwischen Religion und Politik erkennen. Der dschihadistische Angriff auf das World Trade Center war eine – religiös motivierte – politische Tat. Die unschuldigen Opfer in den Türmen, die lieber in den Tod sprangen als lebendig verbrannt zu werden, haben an keiner religiösen zeremoniellen Handlung teilgenommen.

Wenn sich Muslime öffentlicher Straßen bemächtigen um zu beten, so mag ihr Gebet religiös begründet sein, doch die Straße zu erobern ist rein politisch.

Die Forderung nach der Einführung des Scharia-Rechts auf allen Ebenen, zum Beispiel in Form des muslimischen Schulgebets, ruft uns dazu auf, politisch dagegen aktiv zu werden, Richtlinien für Schulkollegien zu erlassen, Steuergelder für Konferenzen einzusetzen usw. Der Akt des Gebets mag religiös begründet sein, aber es macht politische Maßnahmen notwendig sowie die Unterstützung des Staates, diese auch durchzusetzen.

Das islamische Gebet ist religiös motiviert, die Folgen sind jedoch politisch. Es ist eine Forderung nach der Unterwerfung des Staatswesens unter eine Ideologie, die in grundsätzlichem Widerspruch zu amerikanischem Recht, Kultur und Tradition steht.

Die Reaktion auf alle politischen Forderungen des Islam sollte stets eine politische Antwort sein.

Notwendigkeit und wie man es sich leicht macht

Die Kuffar müssen sich den Forderungen des Islam nicht anpassen.

Die Scharia hat zwei Richtlinien, welche den Muslimen als Verhaltensregeln dienen für Situationen, in denen sie den reinen Islam unter der Scharia nicht praktizieren können. Der Fachbegriff dafür ist tayseer, was bedeutet „sich die Last erleichtern“ oder „es sich leichter machen“.

> **Koran, Sure 4,28** *Allah will eure Bürde erleichtern, denn der Mensch ward schwach erschaffen.*

Wann immer die Umstände schwierig sind und das Scharia-Recht nicht in Kraft, wird dem Muslim die Last erleichtert. Sie haben zum Beispiel die Pflicht zu beten und kein Schweinefleisch zu berühren, sind die Umstände allerdings schwierig, werden die Anforderungen erleichtert. Dies mündet in dem Konzept der darura, der Notwendigkeit.

Wenn es notwendig ist, ist das was verboten ist, erlaubt. Wenn ein Muslim Hunger hat und keine halal (Scharia-konforme) Speisen zu bekommen sind, dann darf er jede Nahrung essen. Können Muslime an einem bestimmten Ort nicht beten, so können sie das Gebet später verrichten. Solange das Scharia-Recht noch nicht in Kraft gesetzt worden ist, kann der Muslim beispielsweise mit Schweinefleisch hantieren, ohne Konsequenzen befürchten zu müssen.

Hier ein Beispiel für das Prinzip der darura:

Scharia, f15.17 Es ist eine notwendige Bedingung für die Zulässigkeit gebündelter Gebete (verpasste Gebete vervollständigen / nachholen) dass der Mensch:
[...]
(5) Nachteile für sein Einkommen befürchtet.

Kurz gesagt, wenn ein Muslim am Arbeitsplatz oder in der Schule nicht beten kann, so kann dies später nachgeholt werden. Bei islamischen Forderungen handelt es sich um „Wünsche", nicht um Notwendigkeiten. Wenn ihre Forderungen nicht erfüllt werden, dann schadet dies ihrer Religion nicht.

Ein anderes Beispiel für darura findet sich beim Abschließen einer Versicherung. Versicherungen sind unter der Scharia verboten, wenn aber das Kuffar Recht eine Autoversicherung vorschreibt, dann erlaubt die Notwendigkeit den Muslimen, diese eigentlich verbotene Versicherung abzuschließen.

Durch das Verbieten der Scharia werden keine religiösen Bedürfnisse von Muslimen verletzt. Wir begrenzen den politischen Islam, nicht den religiösen Islam.

Durch ein „Nein" zum Scharia-konformen Gebet an Schulen beschränken wir keine religiösen Freiheiten. Vielmehr schützen wir die Kuffar, uns Bürger, vor den politischen Forderungen des Islam. Wenn ein Muslim nicht zu den vorgesehenen Zeiten beten kann, dann erlaubt das Scharia-Recht, das Gebet später nachzuholen. Es schadet nicht, ein Gebet zu verschieben. Mohammed schob Gebete hinaus, daher können alle Muslime ihre Gebete verspätet verrichten.

Wenn man das islamische Gebet an Schulen erlaubt, wie weit soll das Entgegenkommen gegenüber dem Gebet gehen? Es hat viele Bestandteile – die Vorbereitung, die Verrichtung in einem gesonderten Raum, die rituelle Waschung und es gibt besondere Tage, an denen ein anderes Gebet und längere Gebetszeiten verlangt werden. In der strengen Form des islamischen Gebets darf der entsprechende Raum nur für das islamische Gebet genutzt werden, und es sind entsprechende Installationsarbeiten notwendig, um die angemessene Fußwäsche vor dem islamischen Gebet zu gewährleisten.

Was soll der Lehrer in der Zwischenzeit tun, während die Schüler beim Gebet sind? Wenn er während dieser Zeit wichtigen Stoff für die nächste Klassenarbeit bespricht, wird der Islam dadurch benachteiligt? Warum soll der Staat dem Islam Räumlichkeiten und Fußbäder finanzieren?

Das Gebet ist keine private Angelegenheit. Natürlich werden islamische Organisationen kommen müssen, um die Schüler über den Islam zu „unterrichten".

Ist das islamische Gebet erst einmal installiert, wird es schwer werden, sich gegen die Forderung zu verwehren, die Schulküche solle halal (Scharia-konform) werden? Warum sollten die Kuffar-Schüler essen dürfen, während das Ramadanfasten im Gange ist? Da das Fasten Körper und Geist schwächt, sollten die Muslime in dieser Zeit überhaupt Klassenarbeiten schreiben müssen? Sollten muslimische Sportlerinnen Scharia-konforme Kleidung tragen (Burka, Hijab,...) anstelle der Schultrikots? Glauben Sie nicht, dies sei ein erfundenes Szenario. Die Unterwerfung unter diesen Prozess ist heute schon in Großbritannien in vollem Gange.

Nach all dem kommt als nächstes die Forderung, das Familienrecht der Scharia einzuführen. Danach wird beansprucht, Muslime als „Minderheit" anzuerkennen, sie bei der Stellenvergabe, am Arbeitsplatz und bei den Bürgerrechten bevorzugt zu behandeln. Am Ende stehen die Scharia Gerichte. Wenn erst einmal die Spitze des Keils an der richtigen Stelle sitzt, dann wird es kein

Halten mehr geben, bis die Befolgung der Scharia für die gesamte Nation gilt und die Verfassung Geschichte ist.

Artikel 6

Der Artikel 6 der amerikanischen Verfassung legt fest, dass die Verfassung das oberste geltende Recht in diesem Land (USA, A.d.Ü.) ist, und dass sie sich keiner anderen Justiz unterordnen darf. Dagegen besagt der zentrale Anspruch der Scharia: die Scharia ist das oberste geltende Recht auf der ganzen Welt, alle anderen Justizsysteme müssen sich dem islamischen Recht unterwerfen. Dieser gravierende Widerspruch wird übersehen, weil das Scharia-Recht gerade unter dem Deckmantel der Religionsfreiheit eingeführt wird.

Die Religion des Islams hat immer eine politische Komponente, der sich alles anpassen muss.

Gegenbeispiel: es sind zahlenmäßig ebenso viele Buddhisten nach Amerika eingewandert wie Muslime. Können Sie eine einzige politische Forderung nennen, welche Buddhisten an Schulen oder in irgendeinem anderen Bereich erhoben hätten? Kennen Sie einen Fall, in dem Buddhisten Einfluss auf unsere Schulen, Unternehmen, die Strafverfolgung oder Krankenhäuser eingefordert hätten? Und dass wir mehr über den Buddhismus wissen und buddhistischen Praktiken Rechnung tragen sollen? Wohl kaum, denn der Buddhismus ist eine Religion, keine politisch-religiöse Ideologie.

Die Religion des Islams fordert von uns, politische Zugeständnisse zu machen, weil der Islam nicht nur eine Religion, sondern auch eine politische Ideologie ist.

Die Scharia greift den Artikel 6 nicht frontal an, der Angriff geht über die Flanken. Nehmen Sie das Beispiel der Redefreiheit und die Medien. Als die dänischen Mohammed Karikaturen veröffentlicht wurden, hat nicht eine einzige der größeren amerikanischen Zeitungen diese ebenfalls veröffentlicht; weil die Muslime eingewendet hatten, die Karikaturen seien Blasphemie und würden den Islam beleidigen. Das Ergebnis war, dass wir das Scharia-Recht befolgten indem wir die Karikaturen nicht abdruckten. Welcher Politiker hat dagegen protestiert, dass die Scharia eingeführt wird und durch unsere Unterwerfung die Verfassung untergraben wird?

Die Redefreiheit wird verweigert indem jemand, der den Islam kritisiert, als Fanatiker und Islamophobiker (jemand, der Angst vor dem Islam hat, A.d.Ü.) bezeichnet wird. Gegenwärtig wird der erste Verfassungszusatz dazu benutzt, um den Artikel 6 zu vernichten. Die islamische, politische Doktrin erfährt Anerkennung unter dem Deckmantel der Religion.

Um die Verfassung zu bewahren, sollte es nicht erlaubt sein, Teile der Scharia einzuführen.

Anhang

Statistische Untersuchung der islamischen Lehre

Es existieren umfangreiche islamische Lehren über den Unterschied zwischen Mann und Frau.

Für einen Nicht-Muslim ist es verwirrend, dass diese Lehren so widersprüchlich sein können. Islamischer Dualismus bedeutet, dass es stets zwei Möglichkeiten gibt, die beide gleich richtig sind. Es wurde eine statistische Untersuchung an dieser Lehre durchgeführt, um sich ein genaues Bild davon zu machen.

Jeder Koranvers oder Hadith kann auf die Rolle der Frau in der Gesellschaft hin untersucht werden. In einer Reihe von Versen wird die Mutter als über allen Männern stehend gepriesen.

Etliche Verse besagen dass Männer und Frauen am Tag des jüngsten Gerichts in gleicher Weise an ihren Taten gemessen werden. In vielen Fällen gibt es kein geschlechterspezifisches Machtverhältnis; die Quellen sind diesbezüglich neutral.

Für die Erstellung der folgenden Grafik wurden sämtliche Textpassagen im Koran untersucht, die einen Bezug auf die Frau beinhalten. Daraufhin wurden dieses Material in vier Kategorien unterteilt: hoher, gleichwertiger, niedriger und neutraler Status der Frau gegenüber dem Mann.

Ein Hinweis auf einen neutralen Status muss keine hierarchische Bewertung enthalten, es kann sich beispielsweise schlicht um den Namen einer Frau in einer Liste handeln.

Hier eine Datenanalyse aus dem Koran:

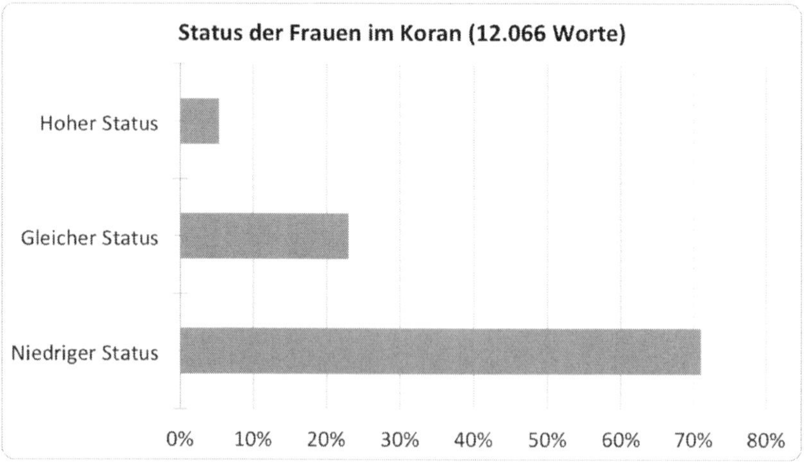

Die gleiche Datenanalyse angewendet auf die Hadithe:

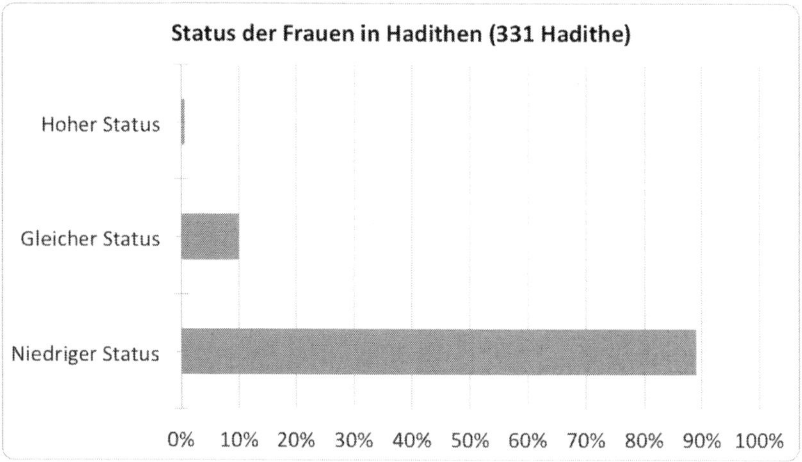

Der Koran

Eine der Grundlagen der Scharia ist der Koran. Da der Koran das bedeutendste Buch darstellt, welches von den Kuffar weder gelesen noch verstanden wurde, stellt dies ein großes Hindernis dar auf dem Weg, die Scharia zu verstehen.

Der Koran ist im Grunde leicht zu verstehen, wenn man eine historische Tatsache kennt. Wir kennen die Geschichte von der Lebenszeit Mohammeds und sehen, dass ungebildete Araber den Koran nicht nur verstanden sondern auch seine Bedeutung diskutiert haben. Sie waren dazu in der Lage weil sie einen anderen Koran verwendet haben als den, welchen man heutzutage im Buchhandel kaufen kann.

Der Koran wurde Jahre nach Mohammeds Tod erstellt und seine Kapitel wurden aus unbekannten Gründen ihrer Länge entsprechend geordnet. Das längste Kapitel steht am Anfang, das kürzeste an Ende des Koran. Stellen Sie sich vor, Sie nehmen einen Roman, Sie entfernen die Gliederung und ordnen die Kapitel daraufhin nach ihrer Länge. Seiner Handlung beraubt wäre der Roman zerstört. Der heutige im Buchhandel vertriebene Koran wurde ebenso willkürlich angeordnet, er ergibt keinen Sinn, da er keine Geschichte oder Handlung besitzt.

Wären Sie allerdings ein Gefährte Mohammeds, würde jeder Vers Sinn ergeben denn er entstand als Antwort auf eine Situation, in der sich Mohammed zu einer bestimmten Zeit befand.

Jeder Vers stünde in Zusammenhang mit tatsächlichen Geschehnissen und wäre leicht zu verstehen.

Der historische Koran kann jedoch leicht wieder hergestellt werden. Wir sind im Besitz einer äußerst detaillierten Biografie über das Leben von Mohammed, genannt die Sira. Fügten wir die jeweils passenden Koranverse in diese seine Lebensgeschichte ein, so würden wir den ursprünglichen Koran neu erschaffen. Diesen historischen Koran könnte jedermann lesen und verstehen. Es würde offensichtlich werden, dass es zwei vollkommen unterschiedliche Korane gibt.

Der frühe Koran aus Mohammeds Zeit in Mekka ist religiös. Der spätere, in Medina überlieferte Koran ist sehr politisch. Es ist wichtig zu verstehen, dass sie sich in ihren Aussagen häufig widersprechen. Dies ist der eigentliche Ursprung des islamischen Dualismus.

Der historische Koran hat eine Handlung. Seine Geschichte beginnt mit Dichtung über Gott. Dann erklärt er jedermann den Krieg, der nicht mit Mohammed übereinstimmt. Er dokumentiert die Vernichtung der ursprünglichen Kultur der Toleranz der arabischen Nicht-Muslime, der Kuffar. Schließlich unterwerfen sich alle Araber voll und ganz den Gesetzen der Scharia. Die Erlangung der politischen Vorherrschaft über das Arabien der Kuffar ist damit vollendet.

Literatur Verzeichnis

The Sira

Mohammed and the Unbelievers, CSPI Publishing

The Hadith

The Political Traditions of Mohammed, CSPI Publishing

The Koran

A Simple Koran or An Abridged Koran, CSPI Publishing

The Best One Source Book For Christians or Jews

Cruel and Usual Punishment, Nonie Darwish

General Information

Stealth Jihad, Robert Spencer

Why I am Not a Muslim, Ibn Warrap

They Must Be Stopped, Brigitte Gabriel